LA
LIBRE-PENSÉE

ET

 ## SES MARTYRS

PETIT DICTIONNAIRE DE L'INTOLÉRANCE CLÉRICALE

PAR

Maurice BARTHÉLEMY

PARIS-9ᵉ

LIBRAIRIE DE PROPAGANDE SOCIALISTE ET ANTICLÉRICALE

Fondée par J.-B. CLÉMENT

14, RUE VICTOR-MASSÉ, 14

1904

LA

LIBRE-PENSÉE

ET

SES MARTYRS

PETIT DICTIONNAIRE DE L'INTOLÉRANCE CLÉRICALE

PAR

Maurice BARTHÉLEMY

PARIS-9e

LIBRAIRIE DE PROPAGANDE SOCIALISTE ET ANTICLÉRICALE
Fondée par J.-B. CLÉMENT
14, RUE VICTOR-MASSÉ, 14
1904

LA LIBRE-PENSÉE

ET

SES MARTYRS

PRÉFACE

ART. X. — Nul ne doit être inquiété pour ses opinions, même religieuses, pourvu que leur manifestation ne trouble pas l'ordre public établi par la loi.

ART. XI. — La libre communication des pensées et des opinions est un des droits les plus précieux de l'homme ; tout citoyen peut donc parler, écrire, imprimer librement, sauf à répondre de l'abus de cette liberté dans les cas déterminés par la loi.

Déclaration des Droits de l'Homme.

Il y a toujours eu des libres-penseurs. De tout temps, des hommes supérieurs se sont élevés contre les abus des religions et se sont refusés à accepter sans discussion les dogmes et les mystères plus extraordinaires et incroyables les uns que les autres.

Celui qui osait proclamer son indépendance accomplissait un véritable acte de courage, car il exposait sa vie, sa famille, ses amis et sa fortune.

Il faut rendre justice à la religion catholique, en ne la présentant pas comme la seule intolérante et fanatique. Les autres, celles qui l'ont précédée ou celles qui lui ont fait concurrence, se valent sur ce chapitre.

Anaxagore, accusé d'impiété, fut condamné à mort, mais vit sa peine commuée en celle de l'exil; Eupolis paya de sa vie quelques plaisanteries sur la déesse Cotytto; Esope fut précipité du haut d'un rocher; Eschyle, pour s'être moqué de la déesse Cérès, fut condamné à la peine capitale, mais eut le bonheur d'être grâcié; Socrate, accusé par les prêtres de Cérès de mépriser les dieux, dut boire la cigue; Protagoras, ayant mis en doute, dans ses ouvrages l'existence des dieux, fut banni à perpétuité et ses livres furent brûlés.

Le catholicisme, ayant tout copié sur les religions précédentes, ses coutumes et ses costumes, suivit aussi leur exemple dans la voie du fanatisme et de l'intolérance.

Mais avant d'arriver à la toute-puissance, les premiers chrétiens servirent de pâture aux bêtes féroces de l'antique Rome. Quand ils furent les maîtres, les persécutés, sortis de leurs catacombes, devinrent persécuteurs.

De leurs martyrs, ils firent des saints et les donnèrent en exemple aux générations suivantes.

.•.

Pourquoi n'en ferions-nous pas autant?

Nous aussi, nous avons eu nos martyrs. Et leur nombre est au moins aussi élevé que ceux de la « vraie religion ».

Il faut les faire connaître, raconter leur vie, leur idéal, leurs œuvres, leur martyre.

Eux, ne sont pas dé pauvres pécheurs ignorants, brisant les statues des dieux de l'Olympe sans trop savoir pourquoi.

Lisez les pages suivantes, et vous verrez bien vite que ceux qui voulurent dénoncer les abus et les crimes religieux, furent l'élite de la nation : des savants, des philosophes, des magistrats.

Ils ne furent pas toujours persécutés pour s'être moqué des dogmes ou des prêtres : non! Tous ceux qui émirent des opinions scientifiques contraires à celle de l'Ecriture, furent aussitôt dénoncés à la Très Sainte-Inquisition, comme Galilée, Copernic, Foscarini, Palissy, Servet, Dominis, Vésale, van Helmont, Bacon, et cent autres encore.

Les poètes et les littérateurs eurent leurs ouvrages brûlés par la main du bourreau, bien heureux lorsqu'ils n'étaient pas eux-mêmes condamnés au feu.

On a pris bien soin, dans les livres d'Histoire, de passer sous silence ces pages sanglantes peu propices à l'Église.

C'est pour cela même que j'ai écrit ce petit dictionnaire de l'intolérance, car j'estime que la Vérité est bonne à dire et à répandre, et que le meilleur moyen de combattre les religions, c'est de faire connaître leurs exploits.

∗∗∗

Dans son *Histoire de France*, Michelet apprécie en ces termes les tortures religieuses (t. XVII, p. 69):

« ... L'Histoire dira aussi que l'Eglise du moyen âge s'épuisa en inventions pour augmenter la souffrance, pour la rendre poignante, pénétrante, qu'elle trouva des arts exquis de torture, des moyens ingénieux pour faire que, sans mourir, on savourât longtemps la mort..... et, qu'arrêté, dans cette route par l'inflexible Nature, qui, à tel degré de douleur fait grâce en donnant la mort, elle pleura de ne pouvoir en faire endurer davantage. »

Quels étaient donc les moyens de l'Inquisition pour ramener les hérétiques dans le giron de l'Eglise romaine. La peine capitale était appliquée de différentes façons : *le bûcher, la pendaison, le garrot, la noyade, la décapitation, l'empoisonnement.* Mais la victime ne souffrait pas assez longtemps, et la mort venait trop vite la délivrer.

Aussi les inquisiteurs inventèrent-ils mille tortures qui étaient appliquées sous le nom de *question* avant le jugement définitif. Les bourreaux du Saint-Office prenaient plaisir à entendre les hurlements de douleur du patient et prolongeaient le supplice jusqu'à ce qu'il perdît la raison ou la vie. *Ainsi la victime avait la plante des pieds exposée sur un bûcher ardent; ou bien on lui introduisait à l'aide d'un entonnoir dans la bouche de 6 à 12 litres d'eau; on la montait au plafond à l'aide d'une poulie et on la laissait retomber brusquement pour lui disloquer les membres; on lui versait du plomb fondu dans la bouche; on lui donnait des lavements d'huile bouillante; on lui arrachait les yeux de leurs orbites et on versait du sel à leur* place ; on arrachait les seins avec des tenailles rougies au feu ; on gonflait le condamné à l'aide d'un soufflet jusqu'à le faire crever ; on lui arrachait la langue, le nez, les oreilles, les ongles ; on l'épilait lentement ; on lui coupait les membres un à un ou on le dépeçait tout vivant ; on le couchait sur une planche garnie de clous ; on l'empalait, on l'écartelait ; on le privait d'air, de sommeil, de nourriture, d'eau ; on le flagellait ; on le rouait ; on lui faisait éclater les os des pouces, des bras, des jambes, en les serrant dans divers instruments à l'aide de vis ; on lui mettait sur la tête des cercles de fer rougis au feu ; on lui versait de la poudre à canon dans la bouche et on l'enflammait.....

— « Tuez-les tous, Dieu saura bien reconnnaître les siens », s'écriait Arnauld, légat du pape, au massacre de Béziers.

— « Rien n'est plus cruel (*sic*) que la miséricorde envers les impies qui ont mérité le dernier supplice », écrivait le pape Pie V.

Et Torquemada envoyait 10.000 malheureux au bûcher ; ses successeurs en faisaient brûler 24.000 rien qu'en Espagne.

Ecclesia a sanguine abhorret

Charlemagne faisait décapiter 4.500 saxons qui ne voulaient pas se faire convertir....

Thibault de Champagne faisait brûler 183 juifs pour complaire à Blanche de Castille.....

François Ier assistait à une procession (21 janvier

1535) où l'on brûlait un hérétique à chaque reposoir. En 1546, il faisait dresser en un seul jour quatorze bûchers sur la grand place de Meaux.

Le pape Grégoire XIII se faisait envoyer à Rome la tête de Coligny : *ad majorem Dei gloriam*.

Le cardinal de Guise pendait les Huguenots aux barreaux de sa salle à manger.

Philippe V assistait, en 1724, à la grillade de neuf impies... (1).

*

Tout ceci est déjà bien vieux, me dira-t-on. De

(1) A lire : *Les Luttes Religieuses des premiers siècles*, 191 pages, et *Les Guerres de Religion*, 191 pages, par J. Bastide, chaque, 0 fr 60, librairie Clément, 14, rue Victor-Massé, Paris. — *Réflexions sur l'Inquisition*, par Alex. Bertrand, 40 pages, 0 fr 60, librairie Bellais, 17, rue Cujas, Paris. — *La France Noire*, par P. Desachy, 460 pages, 2 fr. 95, librairie Godfroy, 18, avenue de Paris, à Versailles. — *L'Église à travers l'Histoire*, par P. Gallimant, 342 pages, 1 fr. 50, librairies Clément et Godfroy. — *L'Inquisition*, par Langlois, 142 pages, 1 franc, librairie Bellais. — *Histoire de l'Inquisition*, par H. Ch. Léa, tome II, 682 pages, 2 fr. 95, librairie Clément. — *Les Crimes du Cléricalisme*, par J Lermina, 100 pages, 0 fr. 45, au *Radical*, 142, rue Montmartre, Paris. — *Traité sur la Tolérance*, par Voltaire, 2 volumes, 312 pages, pour 0 fr. 50, à *La Raison*, 14, rue d'Uzès, à Paris — *Les Crimes des Papes*, par La Vicomterie, 32 pages, 0 fr. 15, librairie Paré, 34, rue du Cornet, à Angers — *Étienne Dolet*, par Alary, 64 pages, 1 franc, librairie Ach. Leroy, 104, rue Bobillot, Paris. — *Jeanne d'Arc*, par Delpech, 32 pages, 0 fr. 10, librairie Cornély, 101, rue de Vaugirard, Paris. — Nous recommandons surtout une conférence *l'Intolérance*, par le professeur Milhaud, accompagnée de 24 vues en couleurs pour projections : la torture, le bûcher, Jean Huss, Dolet, Servet, la Saint-Barthélemy, Galilée, les Dragonnades, Calas, La Barre, etc.. Prix : le tout 2 francs, librairie Cornély, 101, rue de Vaugirard, Paris.

Demander le catalogue de toutes ces librairies qui ont plus de 165 brochures anticléricales.

notre temps, si les moines redevenaient les maîtres, nous ne verrions plus de telles atrocités.

En êtes-vous bien sûr? Croyez-vous que ces « messieurs » n'ont pas hérité de l'âme sanguinaire de leurs prédécesseurs. Le fanatisme catnolique est-il éteint?

NON ! *il sommeille.*

Voici mes preuves :

Pie IX écrivit en 1864 le *Syllabus* en quatre-vingts articles. Je n'en citerai que six :

XI. — *Anathème à qui dira* : L'Église ne doit dans aucun cas sévir contre la philosophie, mais elle doit tolérer les erreurs de la philosophie et lui abandonner le soin de se corriger elle-même.

XII. — *Anathème à qui dira* : Les décrets du siège apostolique et des congrégations romaines empêchent le libre progrès de la science.

XIV. — *Anathème à qui dira* : On doit s'occuper de philosophie, sans tenir compte de la révélation surnaturelle.

XV. — *Anathème à qui dira* : Il est libre à chaque homme d'embrasser et de professer la religion qu'il aura réputée vraie, d'après la lumière de la raison.

XVI. — *Anathème à qui dira* : Les hommes peuvent trouver le chemin du salut éternel et obtenir ce salut éternel dans le culte de n'importe quelle religion.

XXIV. — *Anathème à qui dira* : L'Église n'a pas le droit d'employer la force, elle n'a aucun pouvoir temporel direct ou indirect.

Maintenant, dans un livre enseigné dans soixante-sept séminaires de France, intitulé : *Théologie dogmatique et morale, par Vincent et les professeurs de théologie du séminaire de Clermont, de la Société de Saint-Sulpice*. (MM. Roger et Chernoviz, éditeurs, 7, rue des Grands-Augustins, Paris), on lit, tome I, page 400, édition de 1899 :

I. — « Il faut tenir que l'Église a reçu de Dieu le pouvoir de contraindre et de réprimer ceux qui s'écartent obstinément de la vérité, non seulement par des peines spirituelles, mais encore *par des peines temporelles et corporelles, c'est-à-dire par la confiscation des biens, par des amendes, par la prison, par la flagellation, par la torture, par la mutilation, par la mort.* »

II. — « Tous les théologiens et canonistes admettent que *le droit de glaive* appartient au moins médiatement aux pasteurs de l'Église, c'est-à-dire en ce sens qu'ils peuvent *exiger* des princes séculiers *d'appliquer la peine de mort aux adversaires de l'Église, si l'intérêt de l'Église le demande.* »

Voilà la théorie !

Voici la pratique :

Les citoyens Beylard et Bargos furent grièvement blessés à Belleville (17 mai 1903). — Notre ami, M. Jean-Louis, fut assommé et eut le poignet cassé aux Mille-Colonnes (23 mai). — M. Gaulay fut assassiné à Nantes (14 juin). — Les fenêtres de *La Lanterne* furent brisées à coups de pierres et de boulons en fer (21 juin). — M. Charbonnel faillit être assassiné à la Fère Champenoise (28 juin), ainsi

que M. Laurent Tailhade à Camaret-sur-Mer (30 août).
— M. Harduin et M. Ranc furent avertis par un
journal catholique du Morbihan d' « avoir à numé-
roter leurs abatis » (4 septembre). — La tombe de
Dupuis fut saccagée par des bigotes à Echevannes
(28 septembre). — J'oubliais M. Mouthon, qui
reçut un coup de fourche dans le dos à la Grande-
Chartreuse.

Et tout ceci en l'an de grâce 1903 !...

Qu'on se rappelle les hurlements de rage et les
cabales aux représentations de *Ces Messieurs*, en
Belgique, *d'Électra*, en Espagne et à Paris, et de
La Sorcière, à Paris.

..... Et l'on conviendra que le fanatisme n'est pas
encore mort, mais qu'il sommeille (1).

* * *

Si tous les hommes connaissaient l'histoire du
catholicisme « religion d'amour et de paix », les
églises se videraient complètement et les prêtres
pourraient chercher un autre métier. Mais on a pris
soin d'expurger les textes, de passer au crible les
horreurs et les abominations, les férocités et les
cruautés, les tortures et les assassinats de cette
religion, qui ne pouvait avoir d'autre enseigne qu'un
gibet...

(1) Rappelons les mœurs actuelles des « bonnes sœurs »,
révélées par un procès retentissant. Les enfants étaient punis
par la fessée avec des orties, la douche, l'in-pace, le baillon, la
camisole de force, la croix de langue, les escargots pilés et la
bouse de vache, les seaux d'eau glacée, les coups de poing et
de pied, etc.

A chaque tentative faite par les hommes supérieurs, l'Église s'est levée pour arrêter dans leur marche l'Intelligence, le Progrès, la Science, la Liberté, la Paix, la Justice, la Vérité, la Raison et la Civilisation. Son but étant la domination universelle, elle supprima tous ceux qui semblaient vouloir lui faire obstacle. Couverte de vêtements de deuil parsemés de taches de sang, avec son terrifiant cortège de bûchers, de massacres et de tortures, elle bâillonnna ses contradicteurs qui avaient surtout le tort d'être meilleurs et plus intelligents que ses moines-bourreaux à l'instinct sanguinaire, qui firent de la France, de l'Espagne et de l'Italie, un vaste charnier, un immense ossuaire...

Le public ignore généralement le rôle néfaste de la religion. Tout le monde ne peut pas lire des centaines de gros volumes, quelquefois d'allure sèche et aride.

On n'a pas le temps; ils coûtent cher !

Il fallait un résumé qui permit au lecteur d'étudier sans fatigue cette épouvantable hécatombe de victimes.

Je me suis livré à de longues recherches, passant des journées à feuilleter les vieux livres poussiéreux de nos bibliothèques. J'ai condensé d'innombrables documents pour en faire la petite brochure que voici.

Ce n'est pas un roman, c'est une page d'histoire, un dossier accablant. Je n'ai enregistré que des faits précis et indiscutables, sans parti pris, sans passion, ne recherchant que la stricte vérité.

On trouvera, dans cette étude, les dates de naissance et de mort de ces illustres martyrs, le nom des ouvrages qu'ils ont écrits, pourquoi ils ont été persécutés, leur temps de prison, leurs amendes, leurs tortures, leurs supplices, et même la copie de certaines pièces de leurs procès.

La première impression du lecteur sera de l'étonnement, de l'effroi et de l'horreur, au récit de telles atrocités.

A lui d'en tirer les conclusions et les enseignements.

Maurice BARTHÉLEMY.

————

LA LIBRE-PENSÉE

ET

SES MARTYRS

« Et moi je vous ai dit de vous aimer
« les uns les autres et de vous entr'aimer
« comme je vous ai aimés. »
(Saint Jean, ch. XIII.)

Manès (Cubricus), dit Many (240-276), *fut écorché vif* pour ses opinions religieuses. Sa peau fut suspendue à une porte de la ville de Dschundesabier, et sa chair abandonnée aux oiseaux de proie.

Priscillien n'ayant pas eu le bonheur de penser comme les évêques sur les choses saintes, fut conduit à la torture et *brûlé vif* à Trèves (385).

Hypathie (380-415), femme célèbre par sa beauté et ses connaissances en astronomie et en philosophie. Un jour que l'évêque Cyrille passait devant sa porte, sa voiture fut arrêtée par la foule qui venait écouter les leçons de l'illustre savante. L'évêque en fut vivement froissé et, poussé par la jalousie, il résolut de se venger. Cyrille fit massacrer Hypathie par une troupe de fanatiques chrétiens, qui l'arrachèrent de son char et la traînèrent jusqu'à l'église Césarie. Là, elle fut complètement dévêtue et *massacrée sous une grêle de pierres*, de tuiles et de débris de poterie. *Son corps fut coupé en morceaux*, que les partisans du bon évêque promenèrent en triomphe dans les rues d'Alexandrie et brûlèrent à

Cinaron. Cette mort affreuse ne fut pas vengée. Au contraire, on fit de Cyrille un saint.

Abailard (Pierre), philosophe et théologien, (1079-1142), principal fondateur de la philosophie au moyen âge, se maria secrètement à la soi disant nièce du chanoine Fulbert — en réalité sa fille. — Fulbert, avec une cruauté comme en ont seuls les gens d'Eglise, fit subir à Abailard la plus épouvantable des mutilations : *le supplice de la castration.*

Accusé d'avoir émis des opinions hétérodoxes sur la Sainte-Trinité, Abailard vit son *Introduction à la théologie* condamnée aux flammes par le Concile de Soissons, convoqué tout exprès (1122). Lorsqu'il arriva dans cette ville, il faillit être lapidé par la populace qui l'accusait de prêcher et d'écrire qu'il y avait trois dieux. (!) Abailard fut condamné sans examen et sans discussion; *on le força à jeter de sa propre main son livre dans les flammes.* Puis il fut enfermé dans le monastère de Saint-Médard.

Quelque temps après, revenu dans son couvent de Saint-Denis, Abailard ayant déclaré que Denis, le fondateur de l'abbaye, n'était pas le même que Denis l'Aréopagiste, *fut condamné au fouet.*

Abailard s'enfuit pendant la nuit et se réfugia au monastère de Saint-Ayoul, à Provins. L'abbé de Saint-Denis le menaça de l'excommunication s'il ne rentrait pas aussitôt. C'est alors qu'Abailard se retira dans son ermitage de Paraclet.

On lui offrit d'entrer au monastère de Saint-Gildas. Les moines débauchés qu'il avait cherché à ramener à des mœurs plus honnêtes, *tentèrent de l'empoisonner.* On le menaça même de l'égorger. Abailard dut fuir par un souterrain et revint au Paraclet.

En 1136 il reprit ses cours de l'école Sainte-Geneviève.

Dénoncé par saint Bernard pour dix-sept passages de sa *Théologie* réputés hérétiques, sa doctrine fut déclarée « pernicieuse, opposée à la foi, et hérétique », par le Concile de Sens (1140). La Cour de Rome *le condamna à un perpétuel silence et fit brûler ses livres.*

Tanchelin (ou Tanchelm), ayant attaqué les sacrements et les prêtres, et s'étant élevé contre la dîme perçue illégalement par l'Eglise, fut arrêté par ordre de l'évêque de Cologne, mais parvint à s'évader. Peu après il fut assassiné par un prêtre (1115 ou 1152).

Bruys (Pierre), prêtre qui vécut au XIIe siècle, ayant déclaré que l'on ne devait baptiser les enfants qu'à l'âge de raison, que la Croix ne devait pas être adorée, que la transsubstantiation était une erreur, que les prières pour les morts et les églises étaient inutiles, que les prêtres ne devaient pas vivre dans le célibat, etc., *fut brulé* à Toulouse (1124).

Arnaud de Brescia (1100-1155), philosophe, suivit les leçons d'Abailard. Ayant déclaré que si Dieu existait, son règne et celui de ses ministres n'était pas de ce monde, et, par conséquent, que le clergé ne devait posséder aucun biens fonds, fut anathematisé et banni par Innocent II au Concile de Latran (1139).

En 1155, Adrien IV lança l'interdit religieux contre Rome, parce que...... Arnaud y était depuis dix ans (1). Exilé par les Romains, il fut livré au pape (2) par l'empereur Frédéric Ier. Les prêtres,

(1) Durant l'interdit, les églises étaient fermées ; une croix était clouée contre la porte, un voile couvrait la croix ; les prêtres refusaient de laisser enterrer les morts que l'on portait devant les églises ; les enfants n'étaient pas baptisés ; les fiancés n'étaient pas mariés. La vie était suspendue. (Conférence Milhaud).

(2) Adrien IV, pape avare et orgueilleux.

pour se venger d'Arnaud qui s'était élevé contre leur avidité et leur corruption, *le brûlèrent tout vif* et jetèrent ses cendres dans le Tibre pour empêcher le peuple de Rome de les conserver comme reliques.

Begh (Lambert) ou Le Bègue, prêtre de l'église Saint Christophe-de-Liège, prêcha contre la simonie des chanoines de la cathédrale, contre les abus et les mœurs du clergé et contre les pèlerinages. La réponse ne se fit pas attendre : les chanoines se jetèrent sur lui et le déchirèrent à coups d'ongles. L'évêque Raoul le fit jeter en prison. Lambert Le Begh mourut en 1177.

Bacon (Roger), (1214-1294), moine, surnommé *le Docteur admirable*, fut reçu docteur en théologie après de fortes études à l'Université de Paris, et entra dans l'ordre de Saint-François (1240). C'est lui qui, le premier, proposa la réforme du calendrier Julien. Il étudia la philosophie, la chimie, la physique, les mathématiques, la médecine, et fit de très grandes découvertes en optique et en astronomie. On peut dire qu'il fut le précurseur de Galilée et de Newton; on lui attribue la découverte de la poudre à canon. Les moines de son ordre, ennemis du progrès et de la science, l'accusèrent de magie, de sorcellerie et de relations avec le diable (1260). Ses supérieurs lui interdirent de communiquer aucun de ses écrits, sous peine de confiscation.

Roger Bacon comparut devant une assemblée, tenue à Paris, sous la présidence du supérieur des Franciscains, et *fut condamné à la prison perpétuelle*. Il avait alors 70 ans!... Il put cependant recouvrer la liberté en 1292, et mourut deux ans après. A son lit de mort, il s'écria : « Je me repens de m'être donné tant de peine dans l'intérêt de la science! » Alexandre Humbold, parlant de lui, l'appelle « la plus grande apparition du moyen âge. »

Les moines de son couvent clouèrent contre les murs tous les manuscrits de Bacon avec d'énormes clous.

Saint-Amour (Guillaume), plaida contre les Dominicains. Le pape Alexandre IV demanda à Louis IX, dit Saint-Louis, de l'expulser et de lui interdire le séjour de Paris. Saint-Amour écrivit des pamphlets contre les ordres mendiants. L'édition de ses œuvres fut supprimée bien plus tard, sous Louis XIII, à la requête des réguliers.

Dante (Durante-Alighieri), poète (1265 1321). Il écrivit un traité *De Monarchia*, où il démontre que les droits des empereurs sont entièrement indépendants de la puissance des papes. Son livre fut brûlé publiquement à Bologne, par ordre du légat du pape.

Dans sa *Divine Comédie*, Dante place les papes simoniaques, Boniface VIII (1) par exemple dans l'enfer; au contraire, il met dans le Ciel Henri VII, un des adversaires les plus acharnés de la papauté. La *Divine Comédie* fut mise à l'index. Dante mourut en exil, à Ravenne.

Lollard (Walter), naquit à la fin du treizième siècle. Il attaqua violemment les prêtres, se moqua des cérémonies religieuses, de la messe, de l'hostie, des saints et des sacrements. Arrêté à Cologne par ordre des inquisiteurs, il fut soumis aux plus atroces tortures. *Il fut brûlé vif* et mourut avec beaucoup de courage.

Daubenton (Jeanne) *fut brûlée* publiquement sur le marché aux porcs, au delà de la porte Saint-Honoré (1372), pour avoir dit que l'idéal de la per-

---

(1) Ce Boniface assassina ses prédécesseurs. L'archevêque de Narbonne l'accusa d'être simoniaque, homicide, usurier et cruel, et de se faire révéler la confession par force, d'avoir deux de ses nièces pour concubines, et d'avoir des fils d'elles, etc...

fection chrétienne était d'être pauvre et que l'on devait prier mentalement.

Aubriot (Hugues), prévot de Paris (1), ayant rendu à des familles juives leurs enfants enlevés par les prêtres qui les avaient baptisés de force (le 25 novembre 1380), fut accusé d'hérésie, d'impiété, etc. Cité à comparaître devant l'évêque et l'inquisiteur, il fut condamné à faire amende honorable à genoux et en chemise, puis jeté à la Bastille (1381) où il dut subir la pénitence perpétuelle « en la fosse au pain de tristesse et à l'eau de douleur ». On ordonna en outre la confiscation de ses biens. Aubriot mourut en 1382. De notre temps on voit encore des prêtres qui baptisent sans l'autorisation des parents.

Wicleff (Jean), ou Wycliff (1324-1384). Il appuya le Parlement (1370) qui refusait de payer le tribut réclamé par le pape et approuva les mesures prises pour enlever aux évêques leurs bénéfices, et pour lever des impôts sur les terres de l'Eglise. En 1376, il publia *De Dominio divino*. Accusé d'hérésie, il fut traduit (1377) devant la Cour ecclésiastique. Il allait y être assassiné par les évêques quand il fut délivré par l'intervention opportune du peuple. Traduit de nouveau devant les hauts dignitaires de l'Eglise, le peuple envahit encore une fois le tribunal et le dispersa. Quarante ans après la mort de Wicleff, le pape (2) envoya l'ordre de *déterrer ses ossements*, de les brûler et d'en jeter les cendres, ce qui fut fait (1428).

Petit (Jean), 1360-1411, professeur à l'Université de Paris, qu'il défendit contre la Cour de Rome. Ses

(1) C'est lui, le premier, qui dota Paris d'égouts

(2) C'était Martin V qui fit prêcher une croisade contre les Hussites. Il amassa d'immenses trésors que sa propre famille se partagea.

ouvrages furent brûlés par ordre de l'archevêque de Paris, devant le parvis Notre-Dame (1414) et anathématisés par le Concile de Constance (1415).

Oldcastle (John), 1360-1417, fut excommunié et mis en prison à la Tour de Londres, pour avoir dénoncé la corruption du clergé. Etant parvenu à s'enfuir (1), sa tête fut mise au prix de mille marks. Pendant quatre ans, il échappa aux poursuites. Arrêté à Londres, il fut condamné comme hérétique à la peine capitale. On le suspendit par des chaînes à un gibet sous lequel *un bûcher le consuma lentement.*

Huss (Jean), 1373-1415. Il entra dans les Ordres à l'âge de vingt-sept ans, et devint confesseur de la femme du roi Wenceslas (2). En 1405, il publia un traité où il déclara que les chrétiens n'ont pas besoin de courir après des miracles. Vers cette époque, le pape, à Rome, vendait de nombreuses indulgences, des fausses reliques et des charges ecclésiastiques. Jean Huss prononça de violents discours contre la simonie de l'église romaine. Il attaqua la tyrannie des évêques, leurs vices et la richesse des vêtements du haut clergé. Il s'éleva contre la confession auriculaire et contre la communion; il dénonça le culte des statues comme une basse idolâtrie et déclara que le pape s'étant rendu tellement indigne par sa simonie, les fidèles ne lui devaient plus obéissance. Le pape répondit par une bulle (1409) et l'excommunia, mais le peuple prit parti pour Huss et méprisa l'interdit lancé contre leur ville; il alla jusqu'à brûler des bulles d'indulgence.

●

(1) On répandit le bruit que le diable avait contribué à son évasion.

(2) A lire : *Histoire de l'Inquisition*, par H.-Ch. Léa, tome II, page 535. Prix : 3 francs, à la librairie Clément, 14, rue Victor-Massé, à Paris.

Par sa place de confesseur de la reine et de recteur de l'Université de Prague, il avait l'appui du peuple et de la plupart des nobles, ce qui fait qu'il était inattaquable en Bohême. Ses ennemis cherchèrent à l'attirer au Concile de Constance où il se rendit malgré les prières de ses amis. A son arrivée, il fut accueilli par une foule de douze mille personnes qui l'attendait pour le voir. Il n'était pas à Constance depuis seulement vingt jours que le pape Jean XXIII (1) le fit interner au couvent des Dominicains, malgré un sauf-conduit pour sa sûreté personnelle que lui avait donné l'empereur Sigismond.

Enfermé dans une cellule *voisine des latrines*, il fut pris d'une forte fièvre. On le transféra au château de Gottlieben où il resta emprisonné pendant huit mois dans un sombre cachot, les pieds liés par de lourdes chaînes. Le soir on lui attachait le bras à une chaîne rivée à la muraille. Il y souffrit de la maladie de la pierre, de maux de dents et de tête, de la fièvre et de vomissements.

Enfin, il comparût devant le Concile où on lui demanda de rétracter les doctrines exposées dans son traité *De Ecclesia*, ce qu'il refusa. Ses juges — ou plutôt ses bourreaux — craignant son éloquence, l'empêchèrent de parler et refusèrent de lui donner un avocat. Il fut jugé à huis clos, et, selon la coutume de ces sortes de procès, on fit défiler de faux témoins. Il fut déclaré hérétique et ses livres furent condamnés au feu. On le revêtit d'un costume sacerdotal et on le dégrada publiquement. Affublé d'une mitre en papier ornée de dessins représentant des

(1) Ce pape sodomite avait empoisonné Alexandre V pour lui succéder. Corsaire dans sa jeunesse, il fut élu à prix d'or. Il avait des vices énormes et des voluptés infâmes et se rendit coupable de simonie, d'homicide et d'empoisonnements. Il prenait des nonnes pour maîtresses et les faisait abbesses ou prieures quand il était content d'elles.

démons, il fut attaché au poteau par le cou et par les mains. Puis, on le livra au bras séculier.

Le bras séculier, c'était la mort !... Le 6 juillet 1415, deux mille hommes d'armes le conduisirent au bûcher.

.... Jean Huss était lié sur la pile de bois ;
Le feu partout sous lui pétillait à la fois ;
Jean Huss vit s'approcher le bourreau de la ville,
La face monstrueuse, épouvantable et vile.
L'exécuteur, l'esclave infâme, atroce, fort,
Sanglant, maître de l'œuvre obscure de la mort ..
Il approchait courbé, plié, souillé, méchant,
Honteux, de l'échafaud cariatide affreuse ;
Il surveillait l'endroit où l'âtre ardent se creuse,
Il venait ajouter de l'huile et de la poix,
Il apportait, suant et geignant sous le poids,
Une charge de bois à l'horrible fournaise ;
Sous l'œil haineux du peuple, il remuait la braise,
Abject, las, réprouvé, blasphémé, blasphémant ;
Et Jean Huss, par le feu léché lugubrement,
Leva les yeux au Ciel et murmura : Pauvre homme !(1)

Les cendres de Jean Huss furent jetées dans le Rhin. Sa mort suscita la terrible guerre des Hussites, qui fit 150.000 victimes (2).

Jérôme de Prague, disciple de Jean Huss, prêcha contre les indulgences et attaqua le pape et les abus de l'Eglise. Il fut arrêté à Vienne, mais réussit à s'enfuir (1410). Venu à Constance en 1415, il y fut emprisonné dans la Tour du Cimetière. L'archevêque de Riga le fit attacher à un poteau par des chaînes, de manière à ce qu'il ne put ni s'asseoir, ni remuer la tête. Accusé d'avoir professé l'hérésie à Paris, Heidelberg et Cologne, *il fut brûlé* publiquement le 30 mai 1416 dans le même lieu qui avait

(1) Victor Hugo.
(2) Une statue de Huss va être érigée, cette année, sur la place de la Vieille Ville de Prague.

vu le martyre de Huss, et ses cendres furent jetées au Rhin. On brûla aussi ses livres, ses vêtements, sa literie et tout ce qui lui appartenait. Il mourut avec un courage extraordinaire et voulut qu'on allumât le feu devant lui pour qu'il le vit.

Valla (Laurent), philologue (1406-1457), écrivit un ouvrage pour lequel l'Inquisition le condamna au bûcher. Pour échapper au supplice, il dut s'enfuir précipitamment.

Wesel (Jean), que l'on peut regarder comme un des précurseurs de Luther, s'éleva contre la vente des indulgences et la papauté.

L'inquisition de Mayence le poursuivit (1479) et le condamna à une détention perpétuelle dans un monastère d'Augustins. Il mourut deux ans plus tard par suite des mauvais traitements que lui infligèrent les bons moines (1481).

Pavannes (Jacques) fut emprisonné pour ses opinions religieuses et *brûlé vif* en place de Grève (1525).

Chastellain (Jean) s'étant élevé contre les abus des moines, fut persécuté comme hérétique et dut quitter Châlons, où il se trouvait.

Les gens du cardinal de Lorraine l'attirèrent dans un guet-apens, à Metz. On l'emmena prisonnier à Vic où *il fut brûlé vif*, le 12 janvier 1525. A l'annonce de cet épouvantable supplice, les habitants de Metz assiégèrent le palais épiscopal et délivrèrent de prison un nommé *Jean Védasle*, ami de Chastellain, et qui devait aussi être brûlé publiquement.

Pomponace (Pierre) ou Pomponazzi, philosophe (1462-1525), publia un traité de l'*Immortalité de l'âme* (1516), qui fut brûlé par ordre des inquisiteurs de Venise, et mis à l'index par le Concile de Trente.

Copernic (Nicolas), astronome célèbre (1473-1543). Son livre *De revolutionibus orbium cœlestium* lui attira railleries et persécutions. Il fut condamné comme hérétique par la Congrégation de l'Index.

Le Fèvre d'Etaples (Jacques) (1455-1536), philosophe et mathématicien, dit *Fabri*, s'attira des poursuites pour avoir mal parlé de la confession, du jeûne, des pèlerinages, etc.

Ses livres furent condamnés au feu, et lui-même cité à comparaître devant un tribunal d'évêques. Il préféra s'enfuir à Strasbourg (1525), ce qui était plus sûr.

Tyndale (William) (1477-1536), dut fuir aux Pays-Bas, en Allemagne et en Saxe, à cause de ses opinions religieuses. Arrêté à Anvers, il fut emprisonné à Vilvoord et *condamné à être étranglé*. Son corps fut jeté au bûcher.

Ochino (Bernardino) (1487-1565), eut à subir les persécutions des catholiques et des protestants pour un ouvrage (1563) dans lequel il attaquait la divinité de Jésus-Christ, les peines éternelles, l'incarnation, etc... Il fut chassé de partout, de Zurich (1555), de Mulhouse, Nuremberg, Francfort, Cracovie (1564), et mourut en Moravie.

Le Clerc (Jean). En 1523, il arracha une bulle affichée à la porte de la cathédrale de Meaux. Il fut condamné par le Parlement de Paris à être fouetté publiquement trois jours de suite, puis marqué au front d'un fer rouge et banni. Il alla à Metz, mais ayant brisé des statues de saints, il fut condamné à mort. Après lui avoir coupé le poing droit, *on lui arracha le nez, on lui tenailla les deux bras, on lui brûla les mamelles et on lui entoura la tête de trois cercles de fer rougis au feu.* Son corps tout sanglant fut jeté sur un bûcher (1525).

Brucioli (Antoine), littérateur de la fin du xvᵉ siècle, fut jeté en prison comme hérétique, puis exilé pour avoir attaqué les moines et le clergé.

Caturce (Jean) s'était acquis une grande renommée comme professeur. Ayant prononcé certains discours sur la religion, il fut exilé, et *brûlé vif* à Toulouse au mois de juin 1532.

Berquin (Louis) (1490-1529), fut arrêté et jeté en prison comme hérétique, et ses livres furent saisis. Au bout de dix-huit mois de détention, il fut condamné à voir brûler ses livres, à *avoir la langue percée et à être brûlé* en place de Grève.

En allant au supplice, il voulut haranguer le peuple, mais les prêtres, craignant des révélations, donnèrent aussitôt l'ordre aux soldats de pousser des cris pour qu'on n'entendît pas ce qu'il disait.

Arétin (Pierre), poète satirique (1492-1557), fut chassé d'Arezzo pour avoir fait un couplet contre les indulgences. Arétin avait été capucin à Ravenne, mais il se défroqua.

- **Marot** (Clément) (1495-1544). Marot fut enfermé au Châtelet, puis transféré dans la prison de l'évêque, à Chartres, en 1525, pour « avoir montré quelque sympathie aux idées de la religion réformée » et « pour avoir mangé du lard en carême. »

> ..... Il nous défend le lard, tel jour de la semaine,
> Et si nous en mangeons, l'ange des morts nous mène,
> Au gouffre où tout est feu, braise, flamme et charbon,
> Si bien qu'il a caché l'Enfer dans un jambon .....(1).

En 1532, Marot publia son premier volume de poésies : *Adolescence Clémentine*, qui lui valut les inimitiés des catholiques, qui déclarèrent qu'il sentait le fagot, et qu'on ferait sagement de le brûler ou

(1) Victor Hugo.

de le pendre. Marot s'enfuit alors à Bordeaux, à Lyon, puis en Italie.

En 1535, se sentant entouré d'ennemis, il alla demander asile à Marguerite de Valois, qui protégeait les libres-penseurs. A une nouvelle accusation d'hérésie, il fuit en Béarn, puis à Ferrare, à la cour de la duchesse Renée de France (1536), à qui il demanda protection.

Le pape Paul III (1) ayant forcé le duc de Ferrare à chasser tous les esprits libres réfugiés chez lui, Marot dùt partir pour Venise. Clément Marot était un véritable libre-penseur, qui se souciait peu des coutumes catholiques, du gras et du maigre, etc. .; il écrivait des plaisanteries sur les moines et les évêques, et le clergé eùt été fort aise de le faire brùler comme protestant.

Citons quatre vers de ce charmant poète français :

> L'oisiveté des moines et des cagots,
> Je la dirais, mais je crains les fagots ;
> Et des abus dont l'Eglise est fourrée,
> J'en parlerais....., mais gare la bourrée...

Rentré en France, Marot se mit à traduire *Les Psaumes* de David.

Le clergé poussa des cris et lui fit défendre de continuer.

Tout ce qui était paru fut brùlé en place de Grève

---

(1) Il avait acquis le chapeau de cardinal en livrant une de ses sœurs, Julie Farnèse, au pape Alexande VI. Il empoisonna sa mère et un neveu, afin d'en hériter. Il fut l'amant d'une de ses sœurs qu'il empoisonna par jalousie. Il empoisonna Bose Aforce, mari de sa fille Constance, dont il était l'amant. Ce pape avait, sur ses registres, 4.500 filles de joie qui lui payaient tribut tous les mois, moyennant quoi, il leur permettait d'exercer leur métier. C'est sous son pontificat qu'eurent lieu la fondation de l'ordre des Jésuites (1540), et l'établissement de l'Inquisition à Naples.

(1543). Marot dût fuir à Genève, puis à Turin, où il mourut pauvre.

Rabelais (François), l'immortel auteur de *Gargantua et Pantagruel* (1495-1553), étudia chez les Bénédictins, puis chez les Cordeliers.

Il fut ordonné prêtre en 1519, mais son ardeur pour la littérature grecque et les sciences profanes le firent jeter dans *l'in-pace*, d'où il fut délivré par ses amis. Rabelais jeta alors le froc aux orties et alla étudier la médecine à Montpellier (1530), où il fut reçu docteur sept ans après. Le cardinal Du Bellay, nommé ambassadeur à Rome, emmena Rabelais en qualité de médecin et de secrétaire.

Il était d'usage, alors, de baiser les pieds du pape, mais Rabelais déclara qu'il n'était pas digne de poser ses lèvres sur la mirifique pantoufle, et demanda, au grand scandale des assistants, « qu'on lui fît baiser les chausses et laver le derrière, pour qu'il l'allât baiser ! »

Une autre fois, le pape lui ayant demandé s'il n'avait pas quelque grâce à solliciter, il le pria de... l'excommunier ! (1)

Étant à Lyon en 1535, lors des persécutions d'Etienne Dolet et de Clément Marot, François Rabelais, suspect d'hérésie, résolut de fuir pour qu'il ne lui arrivât pas malheur. En 1536, le cardinal de Tournon le dénonça comme hérétique et demanda qu'on le mît en prison. En 1543, les « cagots et les caphards », étaient à ses trousses et la Faculté de Paris signalait au Parlement *Gargantua et Pantagruel*, et réclamait des poursuites. A propos des moines, il écrivait : « Ils marmonnent grand renfort de légendes et de psaumes nullement par eux entendus; ils comptent force patenôtres entrelardées de

_____

(1) Je rapporte ces deux histoires et celle de sa mort *sous toutes réserves*.

longs *Ave Maria*, sans y penser ni entendre ». En 1547, Rabelais dût fuir à Metz, sans même avoir eu le temps de prendre de l'argent. En 1548, il publia le *Quart Livre*, où il se moquait des « hypocrites, hydropiques, patenôtriers, chattemites, cagots, ermites », des « belles et joyeuses hypocritesses, chattemitesses, ermitesses, femmes de grande religion » et « de petits hypocritillons, chattemitillons », et où il appréciait les « uranopètes décrétales » du pape Grégoire IX.

L'apparition de ce livre détermina une recrudescence de haine chez les « caphards » et la publication en fut suspendue par ordre du Parlement.

On raconte qu'à son lit de mort, le gai Rabelais se fit revêtir d'un *domino*, et, à ceux qui lui demandaient l'explication de ce déguisement dans un si grave moment, il répondit par cette phrase de l'Ecriture : *Beati qui in Domino moriuntur !*

Romain (Giulio Pippi dit Jules Romain), peintre, ingénieur et architecte (1492-1546), ayant fait des dessins destinés à orner les sonnets de l'Arétin, fut condamné à mort. Mais il eut le temps de fuir et ne fut exécuté qu'en effigie. Le pape Clément VII fit emprisonner Marc Antoine, le graveur de ces dessins. Jules Romain, pour échapper aux poursuites, prit le nom de marquis Frédéric de Gonzague. Plusieurs musées possèdent des tableaux de cet éminent artiste, notamment l'école des Beaux-Arts et le Louvre à Paris, et les musées de Berlin, Dresde, Gênes, Madrid, Munich, Naples, Pétersbourg, Rome, Turin, Vienne et le Vatican.

Desperriers (Bonaventure), poète et philosophe (1500-1544). Il fut élevé par les moines et remarqua facilement tous leurs vices voilés d'hypocrisie. Il entra au service de Marguerite de Valois, où les persécutés de l'intolérance cléricale étaient toujours bien accueillis. Il écrivit en vers, à François Ier, une défense de Clément Marot, poursuivi pour sa traduction des *Psaumes*. Il composa, en 1537, son *Cymbalum Mundi*, adressé par Thomas du Clénier (c'est-à-dire : l'incrédule) à son ami Pierre Tryocant (c'est-à-dire croyant), où Dieu et les religions étaient tournés en ridicule. Son ouvrage fut aussitôt saisi et détruit pour hérésie par le bras séculier au service du clergé, censuré par la Sorbonne et brûlé par ordre du Parlement. L'année suivante on voulut en faire une seconde édition, mais l'imprimeur, Jean Morin, fut aussitôt arrêté et jeté en prison.

Dumoulin (Charles), jurisconsulte (1500-1566).

Un différend étant survenu entre le roi de France et le pape Jules III (1), Dumoulin, chargé de l'affaire donna tort au Vatican. Le pape céda, mais son entourage et ses conseillers vouèrent une haine féroce au célèbre jurisconsulte. Ses livres furent condamnés au feu pour impiété et leur lecture rigoureusement défendue. Des émissaires de Rome pillèrent sa maison, et il ne dût la vie qu'au dévouement d'un ami. Il dut alors fuir en Allemagne. Revenu en France au moment de la querelle entre l'Université et les Jésuites, il rédigea un mémoire où il ne ménagea pas la vérité à la funeste compagnie. Il ne dût encore la vie qu'à la protection du Parlement.

Dumoulin publia plus tard une brochure : *Conseil sur le fait du Concile de Trente*, critique la plus violente qu'on eût vue alors, et qui ranima la haine de la gent cléricale. Enfin il attaqua les Calvinistes dans une vigoureuse requête.

Son ouvrage *Collatio et unio quator Evangelis-*

---

(1) Pape pédéraste qui ne s'occupait que de luxe et de plaisir Il poussa l'indécence jusqu'à donner le chapeau de cardinal à un de ses domestiques, qui n'avait d'autre mérite que de prendre soin de son singe !

larum (1565), fut brûlé à Genève par la main du bourreau.

Palearius (Antonio della Paglia, dit Aorius Palearius), philologue et philosophe (1500-1570). Son amitié pour Ochino le rendit suspect et il fut bientôt accusé d'hérésie (1542). Absous, il dut cependant se réfugier à Lucques. La publication de son *Epistolae* le fit accuser d'hérésie par l'inquisiteur Angelo de Crémone (1566).

Il fut jeté en prison sur l'ordre du légat du pape Pie V (1), pour avoir écrit que l'Inquisition « était un poignard dirigé contre tous les écrivains ». Condamné à mort, *il fut pendu* à Rome et son corps fut brûlé publiquement (1570). Aorius Palearius avait écrit *Actio in pontifices romanos et eorum asseclas*, ouvrage qui ne fut pas étranger à sa condamnation.

Quintin, ayant publié que Dieu est l'âme du monde, qu'il n'y a pas de choix parmi les religions, que l'Evangile est un livre supposé et que le paradis, l'enfer et les anges ne sont que des inventions, fut arrêté et *brûlé vif* à Tournay (1530).

Olivétan (Pierre-Robert), fut banni de Genève pour ses idées religieuses. Il traduisit la Bible en français et mourut empoisonné (1538).

Jorisz (David, dit Jean de Brœck), peintre hollandais (1501-1556), fut forcé de fuir à Bâle — où il prit le nom de Van Brœch (ou de Bruges) — pour avoir dit qu'il n'y aurait pas de jugement dernier, ni de résurrection des morts et que les exercices de piété ne servaient à rien. Quelque temps après sa mort, *son corps fut déterré* et brûlé publiquement avec ses livres et ses portraits.

---

(1) Ce pape ordonna à tout médecin de ne plus donner de soins, à la troisième visite, à tout malade qui ne présenterait pas un billet de confession.

2

Buchanam (George), historien et poète (1506-1582). Il écrivit son *Sommium*, satire sur les vices du clergé et sur l'inconséquence et la paresse de là vie monastique. Il publia son *Franciscain* en 1539. Arrêté et mis en prison, il parvint à s'évader et à fuir en Angleterre. Sa tête fut mise à prix. Buchanam se réfugia à Bordeaux où il devint professeur de littérature latine. En 1547, il alla en Portugal où il fut plusieurs années emprisonné à cause de ses doctrines.

L'Hospital (Michel), magistrat (1507-1573), épousa une protestante, ce qui lui valut la haine des catholiques. Michel de l'Hospital montra toujours une grande modération et une grande tolérance en matière religieuse ; il obtint la délivrance de prisonniers retenus pour cause de religion. Il s'opposa vivement à l'établissement de l'Inquisition en France que méditait le cardinal de Guise et parvint à faire échouer ce sanguinaire projet. Les Guise(1) le firent arrêter. Le chancelier de l'Hospital fut accusé d'avoir sauvé *Coligny* et on essaya de le faire assassiner. Pendant la nuit trop fameuse de la Saint-Barthélemy (24 août 1572), il faillit être massacré. Il mourut de chagrin l'année suivante.

Télésio (Bernardino), philosophe, (1509-1588), professa la philosophie à Naples où il fut persécuté par les prêtres et les moines. Il dut s'enfuir, mais ses ennemis n'en continuèrent pas moins à le persécuter jusqu'à sa mort.

Dolet (Etienne), né à Orléans le 3 août 1509, vint à Paris pour suivre les cours de l'Université. Il alla à Padoue, puis à Venise, où il fut secrétaire — à 21 ans — de l'ambassadeur de France. Dolet vint ensuite faire son droit à Toulouse et il y prononça

---

(1) Le duc de Guise, dit *le Balafré*, fut l'un des auteurs de la Saint Barthélemy et devint chef de la Ligue.

un discours contre les persécutions religieuses (1532) à propos de la condamnation de Jean Caturce. Les fanatiques promenèrent alors à travers la ville un cochon ayant à la queue un écriteau avec le nom de *Dolet*. Puis on décréta contre lui un arrêt d'expulsion auquel il refusa de se soumettre. Quelque temps après, il vint à Lyon où il se maria.

Il s'établit imprimeur, rue Mercière, à l'enseigne de la *Dolouère d'Or* (1). Il fit un ouvrage sur François Ier en 1539, et publia les œuvres de François Rabelais et de Clément Marot en 1542. La publication de ces œuvres attira de nouveau sur lui l'attention de l'église. Ce fut le comble lorsqu'il édita *le Manuel du Chevalier chrestien* et le *Vray moyen de bien et catholiquement se confesser*, d'Erasme, *la Fontaine de Vye*, *le Livre de la Compaignie des Pénitens*, *les 52 dimanches*, de Faber Stapulensis, etc... Poursuivi par ordre de l'inquisiteur général Mathieu Orry (1542), il fut arrêté et incarcéré dans la prison de l'archevêché de Lyon sous l'inculpation d'« avoir imprimé plusieurs livres damnés et réprouvés, contenant proportions erronées, d'avoir mangé chair au temps de carême et autres jours prohibés, de s'être promené pendant la célébration de la messe et de ne pas croire à l'immortalité de l'âme ». Reconnu coupable d'hérésie, Dolet fut condamné à être brûlé. Il interjeta appel. Pierre du Chastel plaida en sa faveur. Etienne Dolet fut gracié, mais ses livres furent brûlés sur la place du Parvis-Notre-Dame, à Paris, au son des cloches. Dolet était resté quinze mois en prison ; il retourna à Lyon.

Alors on chercha à le faire assassiner par un individu nommé Guillot, dit Compaing. Mais Dolet se défendit et tua son agresseur. Les gens d'Eglise

(1) Dolouère : hache de tonnelier.

changèrent alors de tactique et l'accusèrent d'avoir attiré Compaing dans un rendez-vous infâme, et de l'avoir tué parce qu'il résistait ! Cette odieuse calomnie ne tient pas debout, car si Dolet avait eu ces mœurs contre nature, il est probable qu'il n'aurait pas été accueilli par les personnages les plus célèbres, la reine Marguerite de Navarre, l'évêque Duchatel, le roi François 1er, etc.

Ses ennemis, furieux de voir leur victime échapper, envoyèrent alors à Paris deux ballots de livres hérétiques et marquèrent sur le colis le nom de *Dolet*, comme s'il en eut été l'expéditeur. Les deux ballots furent naturellement saisis à leur arrivée, et Dolet fut arrêté. Il réussit cependant à s'évader et se réfugia en Piémont d'où il écrivit, pour se disculper, au roi et au Parlement, la lettre en vers que nous reproduisons ci-dessous :

> Cela conclus, sire, voicy comment
> Ils ont bien sceu trouver moyens subtilz,
> Et mettre aux champs instrumens et outilz
> Pour donner ombre à leur faict cauteleux
> Et m'enroller au renc des scanda'eux,
> Des pertinax, obstinez et mauldicte,
> Qui vont semant des livres interdicts ;
> Suyvant ce but, ils font dresser deux balles
> De même marque et en grandeur esgalles
> Et les envoyent à Paris par charroy.
>
> Ces deux fardeaulx furent remplis de livres :
> Les uns maulvais et les aultres de livres
> De ce blazon que l'on nomme héréticque :
> Le tout conduict par grand'ruze et practique.
> Et ce fut faict affin de mieulx trouver
> L'occasion de te dire et prouver
> Que c'étoit moy que les balles susdictes
> Avois remply de choses interdictes.
>
> I. livres donc de mon impression
> Estoient dans l'une (ô bonne invention !)
> Et l'aultre balle (et c'est dont on me grève)

Remplie estoit des livres de Genesve,
Et à l'entour ou bien à chasque coing,
Estoit escrit pour le voir de plus loing
DOLET en lettre assez grosse et lysable.

Qu'en dictes vous, prince, à touts équitable ?
Cela me semble un peu lourd et grossier ;
Et fusse bien un tour de pâtissier,
Non pas de gens qui taschent de surprendre
Les innocents pour les brusler et pendre.
Je leur demande icy en demandant,
Pour me défendre en mon droit défendant,
Eussé-je bien esté si estourdy
Si les fardeaulx, qu'orendroit je te dy,
J'eusse envoyés à Paris, ce grand lieu,
Que n'eusse sceu trop mieulx jouer mon jeu,
Que de marcquer au-dessus mon surnom
En grosse lettre ? A mon advis que non :
Trop fin je suis, et trop fin on me tient,
Pour mon nom mettre en cela qui contient
Quelque reproche ; et pas ne le feroit,
Qui de cerveau une bonne once auroit.

Pour ces fardeaulx les seigneurs de Paris,
Fort courroucés contre moy, et marrys,
Sans austre égard depeschent une lettre
Pour en prison soubdain me faire mettre,
Ce qui fut faict et en prison fut mys, etc...

Et il termine :

Quand on m'aura ou bruslé, ou pendu,
Mis sur la roue, et en cartiers fendu,
Qu'en sera t il ? Ce sera un corps mort !...

Etienne Dolet n'eut pas la patience d'attendre la réponse du roi et revint à Lyon pour voir sa femme et son fils Claude, âgé de cinq ans, qui était malade. Il fut de nouveau arrêté et on l'envoya à la Conciergerie, à Paris. On déclara hérétique sa traduction du livre de Platon : *Du Mespris et Contemnent de la mort*, parce qu'il avait traduit à un certain endroit d'un dialogue, entre Axiochus et Socràte, ces mots : « Quand tu seras mort, tu ne seras plus rien du tout » (en grec : *su gar ouk esei*).

Ce fut sa perte. Déclaré hérétique, il fut mis à la question ordinaire et extraordinaire. Son procès dura deux ans et il fut condamné à avoir la langue arrachée, à être pendu et brûlé avec ses livres (1).

On raconte qu'en marchant au bûcher, il composa ce vers : *Non Dolet ipse Dolet sed pia turba Dolet*, mais nous pensons que c'est encore un « mot historique » fait après coup et aussi faux que les autres.

Afin de rassurer les accusateurs, les témoins et les juges, *toutes les pièces du procès furent brûlées avec le condamné*. C'était le 3 août 1546. Dolet, le « Christ de la pensée libre », comme l'appelle son biographe, M. J. Boulmier, avait trente-sept ans...

> La foule haletait, lugubre et tête basse.
> On avait dans la nuit, au milieu de la place,
> Elevé la potence et dressé le bûcher ;
> Et ce tas de fagots que gardait un archer
> Ployait, dans je ne sais quelle horreur solennelle,
> Sous des livres ouverts, entassés pêle-mêle.
>
> Quand il vit le gibet, Dolet serra le poing ;
> Mais il sourit au peuple et ne chancela point,
> L'homme était impassible et grand de cent coudées,
> Quand il répand son sang au sillon des idées.
> Acteur divinisé par l'injure du sort,
> Il gravit sans pâlir, les tréteaux de la mort,
> Plantés dans les pavés, au ras de la potence,
> J'entendis une voix qui criait la sentence ;
> Et cela rappelait, en de vagues frayeurs.
> Le bruit que fait la pelle aux mains des fossoyeurs,
> J'entendis un enfant clamer : Miséricorde !

(1) On remarquera que c'était en usage courant de brûler les livres qui déplaisaient au clergé. Torquemada et le cardinal Ximenès détruisirent, l'un six mille volumes, à Salamanque, en 1490, l'autre cinq mille, à Grenade, en 1499.

J'entendis les anneaux qui soutiennent la corde
Grincer sous le gibet comme des dents de fer ;
J'entendis sous mes pieds, sur la terre et dans l'air,
Quelque chose comme un grand silence qui passe ;
Puis je n'entendis plus qu'un râle dans l'espace ;
Et puis je ne vis plus qu'un pendu dans le Ciel.

Alors, comme le prêtre est lâchement cruel,
On, fit sur le bûcher traîner ce restant d'homme,
Les bras pendants, les yeux mal clos, disloqué comme
Une marionnette au geste puéril,
Dont une main brutale, aurait coupé le fil ;
Et quand on l'eût jeté sur le bûcher infâme,
Au milieu de son œuvre où palpitait son âme,
On crut lui brûler l'âme en lui brûlant le corps (1)......

Le 19 mai 1889, le Conseil municipal de Paris
inaugura la statue en bronze de Dolet, du sculpteur
Guilbert, qui s'élève sur la place Maubert, à l'endroit où ce martyr de la Libre-Pensée fut brûlé.

Chaque année, le premier dimanche d'août, les
libres-penseurs parisiens font une imposante manifestation devant la statue de Dolet.

Le 2 août 1903, plus de *cinquante mille libres
penseurs* défilèrent devant ce monument. Deux
cent soixante-dix groupes de libre-pensée, loges
maçonniques, jeunesses socialistes, cercles d'études,
comités républicains, la Ligue des Droits de
l'Homme, l'Association des libres-penseurs et
l'Association anticléricale des Lanterniers, s'étaient
donné rendez-vous pour cette grandiose manifestation sur la place de l'Hôtel-de-Ville.

Le défilé commença à deux heures et n'était pas
encore fini à cinq heures.

A l'issue de la manifestation, plusieurs meetings
eurent lieu dans diverses salles avec le concours des
orateurs les plus connus : Henry Béranger, Char-

(1) Clovis Hugues.

bonnel, Guinaudeau, Harrent, docteur Meslier, Marcel Sembat, Delpech, Hubbard, Laurent Tailhade, Maxence Roldes, Parassols, Paul Fleurot, Pastre, Gustave Téry, la citoyenne Sorgue, etc.

A la même heure, à Brest, un millier de libres-penseurs manifestaient à l'occasion de cet anniversaire.

Quelques jours auparavant, les murs de Paris avaient été recouverts d'une affiche anonyme, que nous reproduisons ci-dessous.

On verra jusqu'où peut aller la haine des « hommes de Dieu » qui, non contents d'avoir brûlé jadis un libre-penseur, viennent encore salir sa mémoire, 357 ans plus tard. Voici le morceau :

ÉTIENNE DOLET

(1509-1516)

Camarades !

Vous êtes invités à célébrer, dimanche 2 août, la mémoire d'Etienne Dolet, démocrate, libre penseur, honnête homme, victime des prêtres et martyr.

On vous trompe :

Etienne Dolet ne fut rien de tout cela. Démocrate ? Mais il appelait les domestiques et gens du peuple « fange de l'humanité, une vile cohorte que ne dirige aucun sentiment d'honneur et qui n'est sensible qu'au bâton. »

Aimez-vous le bâton, camarades ? si oui, fêtez Etienne Dolet.

Libre penseur ? jamais de la vie !

Il se proclamait « fils d'obédience envers notre mère l'Eglise » prenait parti pour le pape contre Luther, en déclarant que le protestantisme était une « peste, une damnable curiosité, une secte ridicule ».

Au moment de sa mort, il s'écriait : « Mon Dieu, que j'ai si souvent offensé, ayez pitié de moi ; vierge Marie, saint Etienne, je vous en conjure, intercédez pour moi, pauvre pécheur ».

Ou bien c'était un croyant ou un clérical, ou bien c'était un tartufe.

Honnête homme? Jugéz-en : ses contemporains l'appellent voleur, plagiaire, ingrat; ses amis, les étudiants de Toulouse, l'ont chassé et ont promené à travers les rues un cochon auquel ils avaient donné le nom de Dolet.

Qui d'entre vous veut fêter *un cochon*, le 2 août! Etienne Dolet est accusé de vices honteux par Clément Marot, protestant, et par Floridus Sabinus. Etienne Dolet, lui-même, dans sa 36ᵉ et sa 49ᵉ poésie, soutient que toutes les femmes devraient être des filles publiques.

Etienne Dolet, le 31 décembre 1536, a attiré le peintre Guillaume Compaing dans un rendez-vous infâme; parce que Compaing résistait, il l'a assassiné.

Que dites-vous des farceurs qui vous invitent à célébrer cet ignoble polisson aux mains sanglantes?

Victime des prêtres? Il fut au contraire leur protégé; l'évêque Jean de Langeac lui paie ses études de droit à Toulouse; trois évêques — Jean de Pins, le cardinal de Tournon et Pierre du Chastel — l'ont à diverses reprises tiré de prison.

S'il fut condamné à mort en 1546, sous divers chefs d'accusation et à la requête de la famille Compaing, qu'il avait assassiné, ce n'est point un tribunal ecclésiastique qui le condamna, mais le Parlement, tribunal entièrement laïque.

Singulière victime des prêtres, protégé par les évêques, tandis qu'il est sans cesse poursuivi par la justice!

Martyr! Un martyr est celui qui confesse noblement ses croyances devant la mort. Etienne Dolet ignorait cette grandeur d'âme : « Je vis, a-t-il écrit, de la folie de ces gens qui mettent leur vie en danger par un entêtement ridicule. »

Lui était prêt à tout lâcher; et il l'a prouvé, puisque, s'il a vécu en athée, il est mort en chrétien.

Ne croyez pas non plus, camarades, à cette histoire, que Dolet fut brûlé vif; il fut pendu et son cadavre fut incinéré. S'il fut pendu, c'est qu'il avait violé les lois de son pays, c'est qu'il avait été un chenapan et un criminel.

Camarades!

Vous ne laisserez pas sans vengeance l'insulte qu'on a voulu vous faire à vous, honnêtes gens, en vous invitant à célébrer Etienne Dolet.

Libre aux meneurs qui savent ce que fut ce triste personnage de le fêter à leur guise.

Ils auraient dû avoir la loyauté de vous prévenir.

Vous n'auriez pas été exposés à aller, le 2 août, place Maubert, célébrer

Un polisson,

Un tartuffe

Et un assassin !

Signé : Un qui en a assez du socialisme des Beni-Bouffe-Tout et de l'anticléricalisme a l'eau du Jourdain.

Le véritable auteur est Basile ; le morceau sent le jésuite à plein nez, et les faux et les mensonges n'ont pas gêné le cynique anonyme qui a écrit cette ignominie. Du reste, le même jour, *la Croix*, organe du parti clérical, traitait, dans un article, de polichinelle du xvie siècle et de chien, Etienne Dolet, en reproduisant le texte de cette même affiche (1).

Servet (Michel), médecin et philosophe (1509-1553), étudia le droit à l'Université de Toulouse, puis la médecine à Paris. Il devint professeur et fut un des savants les plus illustres de son siècle. C'est à lui que l'on doit la découverte de la circulation du sang.

Son *Apologetica disceptatio pro astrologia* (1538) le fit traduire comme hérétique devant le Parlement qui l'acquitta.

Il écrivit *la Restitution du Christianisme* ; ce fut sa perte. Il fut arrêté, mais parvint à s'évader ; son procès continua et il fut condamné à mort. On le brûla en effigie à Vienne (1553).

Pendant ce temps, il cherchait à fuir en Italie, mais il eut le tort de passer par Genève, où il fut arrêté le 13 août 1553.

(1) A lire : *Etienne Dolet*, par Jacques Alary, 64 pages ; prix : 1 franc, chez Achille Leroy, 104, rue Bobillot, Paris.

Jeté en prison, Michel Servet fut traité avec la plus grande cruauté et on lui refusa un avocat. Il fut, en outre, accusé d'impiété pour avoir traduit *la Géographie* de Ptolemée. Il fut condamné à être *brûlé vif* avec ses livres, pour avoir « proféré des blasphèmes contre la Sainte-Trinité, en l'ayant appelée monstre à trois têtes, d'avoir soutenu que le baptême des petits enfants n'était qu'une sorcellerie, etc... »

Michel Servet fut donc brûlé avec sa *Restitution du Christianisme* qu'on lui avait lié sur la cuisse.

Un comité s'est formé dernièrement pour élever un monument expiatoire à Champel, près de l'endroit où il fut supplicié.

Renée de France, duchesse de Ferrare, fille de Louis XII et d'Anne de Bretagne (1510 1574), fut une femme très instruite, surtout dans les lettres, les mathématiques, l'astrologie, le grec, le latin, etc. Libre-penseuse convaincue, elle accueillait avec bienveillance à la cour de Ferrare, les Français exilés pour cause de religion. Elle prit comme secrétaire Clément Marot et reçut Calvin.

Les Jésuites vinrent, à cette époque, fonder un collège à Ferrare.

Le roi Henri II, prévenu par ces sinistres personnages, envoya le fanatique inquisiteur Oriz pour ramener Renée aux principes catholiques (1554). Mais les souvenirs qu'avaient laissés les Borgia à Ferrare, étaient peu faits pour inspirer à Renée du respect pour la papauté (1). Aussi l'inquisiteur,

(1) Alexandre VI fut élu pape à prix d'or. Sa vie est un tissu d'horreurs. Il fit cardinal le fils de sa sœur, Jean Borgia. Ce pape débauché, incestueux, voleur et assassin voulut, dans un festin, faire empoisonner les plus riches prélats et cardinaux pour en hériter, mais le domestique se trompa et donna le vin empoisonné à Alexandre VI lui-même qui mourut sur le champ. Quelquefois le « doigt de Dieu » tombe juste.

ayant échoué totalement, la fit traduire devant le tribunal de l'Inquisition, où elle fut condamnée à la prison perpétuelle et à la confiscation de ses biens. Renée fut enfermée dans le château d'Este et fut séparée de ses enfants qu'elle adorait et de ses .u es de compagnie.

Palissy (Bernard), célèbre artiste émailleur, écrivain et philosophe (1510-1590), fut emprisonné à Bordeaux pour ses opinions religieuses et allait être mis à mort, si le duc de Montmorency n'était pas intervenu à temps pour le sauver. Les opinions. géologiques de Palissy ayant réveillé la haine des cléricaux à son égard, il fut jeté à la Bastille (1588) et y mourut deux ans après.

Gruet (Jacques), accusé d'avoir apposé sur l'église Saint-Pierre une affiche contre toutes les religions fut arrêté, mais il nia avoir commis cet acte. On le soumit trois fois à la torture pour le faire avouer. Il fut néanmoins *décapité* (1547). Trois ans plus tard, on brûla tous les livres trouvés dans sa bibliothèque (1).

Vallée (Geoffroy), libre-penseur du XVIᵉ siècle, fut arrêté et emprisonné au Châtelet où il resta deux ans, pour son livre *Le Fléau de la Foi* ou « l'Art de ne rien croire ». *Il fut pendu et brûlé* avec son ouvrage (1574).

Vésale (André), illustre médecin, créateur de l'anatomie (1514 1564), devint le premier médecin de Charles-Quint (1543), et plus tard de Philippe II, à Madrid. Vésale fut condamné à mort par l'inquisiteur pour avoir disséqué un cadavre ! La peine fut commuée en un pélerinage à Jérusalem, que le célèbre anatomiste dut faire. Mais le navire sur

---

(1) On remarquera que c'est une véritable manie de brûler les livres de science et de philosophie.

lequel il s'était embarqué ayant fait naufrage, il mourut de fatigue et de faim dans l'île de Zante.

Domenichi (Louis), littérateur (1515-1564), fut arrêté par ordre des inquisiteurs pour une cause qu'on ignore. Il subit la question et fut condamné à une détention perpétuelle. Son ami Paul Jove lui fit rendre la liberté.

Ramus (Pierre, dit La Ramée), philosophe et littérateur (1515-1572). On lui interdit d'abord d'enseigner la philosophie. Il eut sa maison pillée par des fanatiques, et sa riche bibliothèque incendiée (1562). Il dut lui même fuir promptement pour échapper à ces forcenés. Il fut égorgé la nuit de la Saint-Barthélemy, et son corps, précipité du cinquième étage dans la rue, fut jeté à la Seine. (1)

Dubourg (Anne), magistrat (1520-1559), accusé du crime d'hérésie, fut enfermé à la Bastille et *condamné à être pendu* en place de Grève à Paris, puis jeté au feu. Il fut exécuté le 23 décembre 1559, et, naturellement, tous ses biens furent confisqués au profit du clergé. C'était le « Bon vieux temps ! »

La Place (Pierre), jurisconsulte, moraliste et historien (1520-1572), fut premier président de la cour des Aides à Paris. En 1561, il fut chassé de Paris et destitué de ses fonctions. Il se réfugia en Picardie. A la Saint-Barthélemy, son corps, traîné d'abord dans une écurie près de l'Hôtel de ville, fut jeté le lendemain dans la Seine.

Socin (Lelio), ou Sozzini (1525-1562), soupçonné d'hérésie, dut se réfugier en Suisse ; puis il parcourut la France, l'Allemagne, les Pays-Bas et l'Angleterre. C'était un partisan de la tolérance et de la

---

(1) Ramus, le sculpteur Jean Goujon, le musicien Goudimel, l'amiral Coligny, et trente mille autres citoyens furent assassinés cette même nuit.

liberté de conscience. On lui attribue *Le Traité des hérétiques*, paru sous le pseudonyme de *Martinus Bellius*.

Bodin (Jean), publiciste (1520-1596). Ennemi des guerres de religion et partisan de la tolérance en matière religieuse, il faillit être tué pendant la terrible nuit de la Saint-Barthélemy et n'échappa aux poignards des assassins qui avaient fait irruption dans sa chambre, qu'en sautant par la fenêtre. Député aux Etats de Blois, Bodin combattit pour la liberté de conscience. En 1590, accusé d'hérésie, on perquisitionna dans sa maison et ses livres furent brûlés sur la place publique. Il écrivit *l'Heptaplomère*, ou dialogue sur la religion entre sept personnes différentes, ouvrage dont Leibnitz demanda la publication.

Harlay (Achille), magistrat (1536 1616). Partisan de la tolérance, il blâma les édits de proscription contre les protestants et déclara que les persécutions étaient sans action sur les consciences. Il dénonça les Jésuites et fit condamner les livres de deux des leurs : Mariana et Bellarmin. Il fut jeté à la Bastille où on le menaça du dernier supplice. Il n'en sortit que moyennant une rançon de 10.000 écus.

Socin (Fauste) 1539-1604), eut à subir les persécutions des catholiques et des protestants. Lorsque l'Inquisition commença à poursuivre sa famille (1559), il se réfugia à Lyon. En 1598, à Cracovie, sa maison et sa bibliothèque furent pillées et, lui-même, malade, fut traîné à demi-nu à travers les rues de la ville et roué de coups.

Bruno (Giordano) ou *Jordanus Redividus Brunus* (1550-1600), fut d'abord dominicain, mais il jeta son froc aux orties, dès que sa raison lui eut fait entrevoir les faussetés religieuses. Il partit alors, chevalier errant de la libre-pensée, parcourant les

villes, pour y répandre la Vérité et la Raison, chassé
de partout, de Naples, Gênes, Nice, Milan, Venise.
En 1580, il est à Genève, d'où il doit fuir pour venir
à Lyon, à Toulouse, puis à Paris (1582). Il va enseigner la philosophie à Oxford et revient à Paris (1585).
Il part pour l'Allemagne et passe à Marbourg, Wittem-
berg (1586). Prague (1588), Helmstadt, Francfort-sur-
Mein (1590). Bruno eut le malheur de retourner à Padoue (1592). Ce fut sa perte. L'inquisiteur de Venise —
sous le pontificat de Clément VIII (1) — s'empara de
lui (septembre 1592) et le fit mettre en prison aux
Plombs. Au bout de six ans, il fut transféré à Rome
pour être jugé par la congrégation du Saint-Office.
Les inquisiteurs essayèrent de le convertir et le
sommèrent d'abjurer, sous peine de mort. Le
9 février 1600, il fut excommunié, puis livré au bras
séculier pour être puni « avec autant de clémence
qu'il se pourrait et sans effusion de sang », paroles
d'une atroce ironie qui marquent bien l'hypocrisie
et la cruauté des inquisiteurs. Le 17 février 1600.
Giordano Bruno *fut brûlé* publiquement.

Debout sur le bûcher, contre un poteau de chêne,
Les poings liés, la gorge et le ventre à la chaîne,
Dans sa gravité sombre et son mépris amer
Il regardait d'en haut cette mouvante mer
De faces, d'yeux dardés, de gestes frénétiques ;
Il écoutait ces cris de haine, ces cantiques
Funèbres d'hommes noirs qui venaient, deux à deux,
Enfiévrés de leur rêve imbécile et hideux,
Maudire et conspuer par delà l'agonie
Et de leurs sales mains souffleter son génie,
Tandis que de leurs yeux sinistres et jaloux
Ils le mangeaient déjà, comme eussent fait des loups,
Et la honte d'être homme aussi lui poignait l'âme.

(1) Ce fut ce pape qui fit battre de verges Henri IV, par pro-
curation, pour prix de la couronne de France.

Soudainement, le bois sec et léger prit flamme.
Une langue écarlate en sortit et, rampant
Jusqu'au ventre, entoura l'homme comme un serpent.
Et la peau grésilla, puis se fendit, de même
Qu'un fruit mûr ; et le sang, mêlé de graisse blême,
Jaillit, et lui, sentant mordre l'horrible feu,
Les cheveux hérissés, cria : — Mon dieu ! mon dieu ! —

Un moine, alors, riant d'une joie effroyable,
Glapit : — Ah ! chien maudit, bon pour les dents du diable !
Tu crois donc en ce Dieu que tu niais hier ?
Va ! cuis, flambe et recuis dans l'éternel Enfer ! —

Mais l'autre, redressant par dessus la fumée
Sa dédaigneuse face à demi consumée
Qui de sueur bouillante et rouge ruisselait,
Regarda l'être abject, ignare, lâche et laid,
Et dit, menant à bout son héroïque lutte :

Ce n'est qu'une façon de parler, vile brute ! —

Et ce fut tout. Le feu le dévora vivant
Et sa chair et ses os furent vannés au vent (1).

Les groupes anticléricaux italiens ont tenté de faire, au mois d'août 1903, une manifestation devant le monument de Giordano Bruno, mais le gouvernement a interdit cette démonstration anticléricale.

Ruggieri (Côme ou Cosimo), astrologue fameux qui, à son lit de mort, refusa d'entendre les exhortations des prêtres et des capucins qu'il traita de fous. Le corps de Ruggieri fut *traîné sur la claie* et jeté à la voirie par les fanatiques parisiens qui avaient été ameutés par leurs prêtres (1615).

Pucci (François), accusé d'athéisme, dut fuir d'Oxford et se rendit à Bâle d'où il fut chassé. Il retourna en Angleterre et fut emprisonné. Sorti de prison, il alla dans les Pays-Bas, puis en Pologne.

(1) Leconte de Lisle.

Il fut brûlé à Rome (1600) pour avoir soutenu que tous les honnêtes gens seraient sauvés, même les païens et les libres-penseurs !

Galilée (Galileo Galilei), mathématicien, physicien et astronome (1564-1642). Ses opinions astronomiques et ses découvertes étant en contradiction avec certains passages de l'Ecriture (1), les Jésuites et les Dominicains le dénoncèrent à l'Inquisition. La cour pontificale commença à le calomnier et chercha à le vaincre par le ridicule. Puis elle prononça la sentence suivante qui vaut la peine d'être reproduite ici :

« Soutenir que le soleil est placé immobile au « centre du monde, est une opinion absurde, fausse « en philosophie et formellement hérétique, parce « qu'elle est expressément contraire aux Ecritures ; « soutenir que la terre n'est point placée au centre « du monde, qu'elle n'est point immobile et qu'elle « a même un mouvement de rotation, est aussi une « proposition absurde, fausse en philosophie et non « moins erronée dans la foi. »

Ses livres, ainsi que ceux de Copernic, de Didacus Astunica et de Foscarini, furent prohibés par la Congrégation de l'Index.

On donna ordre à Galilée de ne plus professer l'opinion condamnée, ce qu'il promit. Mais l'illustre savant ne put s'empêcher de publier un livre (1632) où il exposait de nouveau ses doctrines. Alors âgé de soixante-dix ans, il dut comparaître devant le tribunal de l'Inquisition dirigé par le pape Urbain VIII (1633). Il fut mis en prison à Rome et son procès fut commencé. On le força à se mettre à genoux devant ses juges, les mains placées sur l'Evangile et à prononcer les paroles suivantes :

« Je jure que j'ai toujours cru, que je crois main-

(1) Josué arrêtant le soleil, etc...

« tenant, et que, Dieu aidant, je croirai à l'avenir
« tout ce que tient, prêche et enseigne la sainte
« Eglise catholique, apostolique et romaine. J'ai été
« jugé véhémentement suspect d'hérésie pour avoir
« soutenu et cru que le soleil était le centre du
« monde et immobile, et que la terre n'était pas le
« centre et qu'elle se mouvait. C'est pourquoi, vou-
« lant effacer des esprits de vos éminences et de
« tout chrétien catholique cette suspicion véhé-
« mente, conçue contre moi avec raison, d'un cœur
« sincère et d'une foi non feinte, j'abjure, maudis
« et déteste les susdites erreurs et hérésies, et géné-
« ralement toute autre erreur. »

— « Et pourtant elle tourne » *E pur si muove*,
murmura entre ses dents l'illustre savant.

Malgré cette déclaration, Galilée fut interné dans
le palais de l'archevêque de Sienne, où il resta sous
la surveillance de l'Inquisition, et fut contraint de
réciter quotidiennement, pendant trois ans, les
psaumes de la pénitence.

Un prêtre, Benedetto Menzini, a écrit un poème
(imprimé et vendu publiquement à Florence), où il
s'adressait en ces termes aux inquisiteurs : « Quel
était votre aveuglement lorsque vous traînâtes ce
grand homme dans vos cachots ? Est-ce là cet esprit
pacifique que vous recommande le saint apôtre qui
mourut en exil à Pathmos ? Non : vous fûtes toujours sourds à ses préceptes. Persécutons les savants,
telle est votre maxime. Orgueilleux humains, sous
un extérieur qui ne respire que l'humilité, vous qui
parlez d'un ton si doux et qui trempez vos mains
dans le sang, quel démon funeste vous introduisit
parmi nous ? »

Il est rare de voir un prêtre écrire des réflexions
aussi justes que celles-ci.

Dominis (Marc-Antoine) (1566-1624), fut Jésuite
pendant vingt ans, mais, ayant un goût très vif pour
les sciences naturelles et principalement pour la

physique, il demanda à quitter le couvent. En 1617 il publia la *République ecclésiastique*, où il attaquait la papauté et le célibat ecclésiastique, où il défendait la tolérance religieuse et où il déclarait que Jean Huss avait été condamné à tort. L'ouvrage eut un grand retentissement en France et en Italie, et fut mit à l'index par Grégoire XV. (1) Dominis, attiré à Rome sous la fausse promesse qu'il ne serait pas inquiété pour son ouvrage, s'y rendit, mais il fut aussitôt arrêté et emprisonné au château de Saint-Ange sur l'ordre d'Urbain VIII. Pour se débarrasser de lui *ils l'empoisonnèrent* lâchement dans sa prison. Son corps fut brûlé ainsi que son livre, par sentence confirmée par le pape en janvier 1625.

C'est Marc-Antoine Dominis, qui, le premier ébaucha la théorie de l'arc-en-ciel. Par cela même, il détruisait l'absurde fable de l'arc-en ciel, signe par lequel Dieu promit de ne plus faire de déluge, etc..., comme Galilée venait de détruire l'histoire de la terre immobile. Tous deux furent martyrisés par des ignorants, ennemis perpétuels de la science et du progrès.

Campanella (Thomas), philosophe (1568-1639). Il entra dans un couvent, mais, devenu un des adeptes de la philosophie de son compatriote Télésio, il dut quitter le cloître pour échapper aux persécutions des moines. Pendant dix ans, il parcourut l'Italie, et fut arrêté à Naples pour « crimes politiques, philosophiques et théologiques ». *Il resta vingt-sept ans en prison et subit sept fois la torture* (2).

---

(1) Ce pape fanatique félicita Louis XIII de ses persécutions contre les protestants. Il voulut faire égorger les Genevois. Il employa tout son argent à faire poursuivre les réformés en Angleterre, en Allemagne et en Pologne.

(2, Ce fut Innocent IV, pape assassin et empoisonneur qui, le

« Voici douze ans, écrit-il, que je souffre et que je
« répands la douleur par tous les sens. Mes mem-
« bres ont été martyrisés sept fois, les ignorants
« m'ont maudit et bafoué, le soleil a été refusé
« à mes yeux, mes muscles ont été déchirés, mes
« os brisés, mes chairs mises en lambeaux; je
« couche sur la dure, je suis enchaîné, mon sang a
« été répandu, j'ai été livré aux plus cruelles ter-
« reurs, ma nourriture est insuffisante et corrom-
« pue......»

Thomas Campanella obtint sa délivrance en 1626
et vint à Rome, d'où il dut bientôt fuir, pour échapper à la fureur des fanatiques. Il mourut en France
en 1639.

Les idées de Campanella se rapprochent du socialisme saint-simonien.

Helmont (Jean-Baptiste Van), chimiste et médecin (1577-1644). Les Jésuites voyant en lui un esprit
supérieur, l'attirèrent à eux, mais Van Helmont les
quitta bientôt. L'Inquisition l'accusa de diablerie et
de sorcellerie pour certaines guérisons surprenantes
qu'il avait accomplies. C'est ce savant chimiste qui,
le premier, reconnut l'existence de l'acide carbonique
et de différents gaz. Son fils Mercure eut aussi
maille à partir avec l'inquisition.

Foscarini (Paul Antoine). mathématicien (1580-
1616), écrivit un livre sur la rotation de la terre.
Dénoncé à la Congrégation de l'Index, son livre fut
condamné.

Les catholiques veulent absolument que la terre,
centre du monde, soit plate, avec le ciel au-dessus,
l'enfer au-dessous, le soleil et la lune servant de
luminaires.

premier, approuva l'usage de la torture (1252), en vue de la
découverte des hérétiques. En 1262, Urbain IV, pape voleur,
permit aux inquisiteurs de la faire appliquer eux-mêmes.

Vanini (Lucilio), philosophe (1585-1619), étudia la médecine, le droit et l'astronomie. Ordonné prêtre à Padoue, il devint aumônier du maréchal Bassompierre. Après divers voyages en Suisse, en Allemagne et en France, il ouvrit un cours de philosophie à Lyon, qu'on le força bientôt d'abandonner à cause des opinions qu'il y professait. Il publia plusieurs ouvrages dont un des plus importants est celui des *Dialogues sur la Nature*.

Dans ses livres, il discute et doute de l'existence de Dieu, il ne reconnaît d'autre dieu que la Nature, il pense que Jésus-Christ fut un grand philosophe plutôt qu'un dieu, et déclare que ceux qui ont l'esprit faible sont par là d'autant plus propres à faire de bons chrétiens. Ses *Dialogues* furent censurés par la Sorbonne (1617). Il fut accusé d'athéisme, mais, comme on manquait de preuves, on fit venir un faux témoin, gentilhomme très pieux, qui affirma avoir entendu de lui des paroles impies.

Condamné en 1619, à Toulouse, à être *brûlé vif*, les moines du Saint-Office lui *arrachèrent la langue avec des tenailles* avant de le faire monter sur le bûcher. Ses cendres furent jetées au vent.

> Partout où la pensée éclate, où le cœur vibre,
> Quand on s'efforce d'être heureux ou libre,
> Quand on travaille afin de conquérir un droit,
> Quand dans un bénitier on se trouve à l'étroit,
> Quand on ne veut plus être une bête de somme,
> On voit paraître Dieu, pour assassiner l'homme.
> Oui, persécutions, exils, bagnes, cachots,
> Huile en feu, plomb fondu, poix bouillante,
> Tenailles arrachant les ongles, lames torses,
> Brodequins pour les pieds, chevalets pour les torses,
> Fouets, grils, bûchers, gibets, croix, écartellements,
> O couronne de dieu, voilà tes diamants.....

Pour vous rendre compte du fanatisme et de la haine des cléricaux, relisez ces quelques lignes de

Guez de Balzac, un bien pensant du xviie siècle :
« Il est certain qu'il (Vanini), conserva ses abominables opinions jusque dans la mort. N'ayant plus de langue sur l'échafaud — car elle lui fut coupée dès la prison — il faisait des signes d'impiété. Son obstination et sa dureté ne purent être vaincues, ni par la sévérité des juges, ni par la doctrine des théologiens, ni par la présence du feu, ni par le voisinage de l'enfer. Cet homme, visiblement réprouvé, a noirci son siècle par sa naissance, a souillé, par sa vie et par sa mort, notre pays et le sien. Mais, quoiqu'il soit, ce n'était qu'un homme, et cet homme n'a laissé ni race, ni secte. »

Ce pieux écrivain s'est grossièrement trompé, car, fort heureusement pour l'humanité, Vanini a laissé une race et une secte qui, aujourd'hui, luttent ardemment et victorieusement contre le fanatisme et l'intolérance cléricale.

Acosta (Uriel), professa publiquement l'athéisme. Accusé d'avoir offensé la religion juive et la religion chrétienne, il fut jeté en prison, condamné à une amende, excommunié, et ses livres furent brûlés publiquement. Pour se soustraire aux persécutions, il se suicida d'un coup de pistolet (1647).

Viau (Théophile), poète (1590-1626), fit ses études au collège de la Flèche, chez les Jésuites. En 1619, on lui signifia l'ordre de quitter le royaume, à cause d'une pièce en vers contre la Société de Jésus. Passant par Agen, pour voir exorciser une fille, il se moqua des exorcistes, en disant que s'il était incertain qu'il y eut un Dieu, il était bien sûr, lui, qu'il n'y avait pas de diable. Il faillit être tué par les fanatiques outrés de ces paroles, car ceux qui croient en un Dieu, croient par cela même au diable. Un athée ne croit ni à l'un, ni à l'autre.

A Tours, il faillit se faire lapider pour refus de

se découvrir devant une procession, du Saint-Sacrement. Il fut condamné à être brûlé vif (1623), pour avoir publié *le Parnasse satirique*. Comme il s'était enfui, l'arrêt ne fut exécuté qu'en effigie, mais, pris et emprisonné à la Conciergerie, il fut enfermé dans le cachot de Ravaillac. Après dix-huit mois de débats, le Parlement commua la peine de mort en un bannissement perpétuel (1625), et ses biens furent confisqués. Il mourut de chagrin l'année suivante. « Le Jésuite Garasse, écrit Voltaire, un des hommes les plus signalés parmi les ennemis du sens commun, ne prêcha jamais autrement. Il comparait le célèbre Théophile à un veau, parce que *Viau* était le nom de famille de Théophile. Mais d'un veau, disait-il, la chair est bonne à rôtir et à bouillir, et la tienne n'est bonne qu'à brûler. »

Grandier (Urbain), curé de Loùdun (1590-1634), fut élevé par les Jésuites de Bordeaux. Les causes de son martyr furent sa tolérance pour les protestants, ses sarcasmes contre les moines et ses opinions contre le célibat des prêtres. Ses confrères le firent accuser d'avoir ensorcelé les Ursulines d'un couvent dans lequel il n'était jamais entré. Grandier fut arrêté sur l'affirmation d'une nonne hystérique, emprisonné à Angers et condamné à être *brûlé vif*, ce qui fut fait devant une immense foule (18 août 1634).

Picard (Mathurin), écrivain de la première moitié du XVIIᵉ siècle. Il fut accusé d'actes de profanations et d'avoir ensorcelé des religieuses (1). Après sa mort, on fit son procès, et son corps fut exhumé et brûlé à Rouen, par arrêt du Parlement (1647). Douces gens!... (1).

_____

(1) Ces procédures contre les morts et ces exhumations de cadavres furent très fréquentes ; ainsi, sur 636 affaires examinées par l'inquisiteur Bernard Gui, 88 étaient posthumes. La haine

Descartes (René), philosophe (1596-1650). La congrégation des Cardinaux défendit d'imprimer, lire et même posséder ni *les Méditations*, ni aucun autre ouvrage de ce philosophe. Les calvinistes, de leur côté, l'accusèrent d'athéisme. Descartes alla mourir en Suède, tourmenté et calomnié par les étrangers et par ses compatriotes.

Prynne (William), jurisconsulte (1600-1669), écrivit de violentes brochures contre les évêques et les abus de l'Eglise. Il fut condamné à une forte amende et *à avoir les oreilles coupées* (1634). Trois ans après, il subit de nouvelles condamnations pour d'autres écrits et resta en prison jusqu'en 1640. Nommé membre du Parlement (1641), il recommença ses attaques et fut exclu du Parlement (1648). En 1650, il fut de nouveau mis en prison et n'en sortit qu'à la restauration des Stuarts.

Arnauld (Antoine) (1612-1694), fut exclu de la Faculté de théologie (1656), pour avoir critiqué la trop célèbre et néfaste Société de Jésus. En 1679, ayant attaqué la morale relâchée des Jésuites, il dut fuir en Belgique, pour échapper aux poignards de ces bandits. Antoine Arnauld mourut en exil, à Bruxelles.

Bussy (Roger de Rabutin), écrivain (1618-1693), accusé d'impiété, fut exilé pendant un an (1659).

Saint-Amour (Louis-Gorin) (1619-1687). Recteur de l'Université, il attaqua violemment les Jésuites (1650). Il fut exclu des Assemblées de Sorbonne, et son ouvrage sur *les Cinq Propositions* fut brûlé par la main du bourreau (1684).

La Fontaine (Jean), fabuliste et poète (1621-1695). Il étudia à l'Oratoire de Reims, mais ne put se faire

d'un prêtre se poursuit jusqu'après la mort de son adversaire. On se demande vraiment si ce sont bien des êtres civilisés ou des barbares qui commettent de pareils forfaits.

à la vie du séminaire, qu'il quitta. Sa femme le surprit un jour en .. tête à tête galant avec la jeune abbesse de Mouzon.

La Fontaine étant malade, le P. Pouget, oratorien, essaya de le convertir. Il lui prêta le Nouveau-Testament. Après l'avoir lu, La Fontaine lui dit : « Il y a un article sur lequel je ne me suis pas rendu, c'est celui de l'éternité des peines. Je ne comprends pas comment cette éternité peut s'accorder avec la bonté de Dieu. » Et en parlant de saint Paul : Ce saint-là n'est pas mon homme. »

La conversion du grand fabuliste ne prouve rien, car il était alors d'un grand âge, affaibli et malade. Ses contes furent condamnés par la congrégation de l'Index.

Molière (Jean-Baptiste-Poquelin), notre grand poète comique (1622-1673), eût aussi maille à partir avec le clergé. Il fit ses études au collège de Clermont, chez les Jésuites, où il apprit beaucoup de latin et d'histoire sainte, mais pas de français du tout. En 1658, il joua pour la première fois devant le roi, avec sa troupe. On découvrit, dans sa pièce *l'Ecole des Femmes*, des expressions irrévérencieuses pour le clergé et quelques paroles malsonnantes pour les mystères de la religion. Le clergé cria au scandale. Molière s'en vengea en écrivant *le Tartufe*. Mais, pendant trois années, on l'empêcha de jouer cette pièce. Elle parut enfin sur la scène sous le titre de *l'Imposteur* (1667) et fut aussitôt suspendue. L'archevêque Hardouin de Perefixe excommunia quiconque lirait cette comédie. Un curé, Pierre Roules, déclara, dans une brochure, qu'il fallait brûler vif ce maudit auteur; Bourdaloue le dénonça en pleine chaire; Bossuet traita ses pièces d'impiété et d'infamies...

Lorsque le grand comédien mourut (en jouant *le Malade Imaginaire*), l'archevêque Harlay de Chanvalon réfusa de le laisser inhumer; mais, à la prière du roi, il décida que le corps ne serait accompagné que par deux prêtres et enterré sans aucune pompe, à huit heures du soir.

Bossuet laissa éclater sa joie en apprenant la mort de Molière et prononça des paroles odieuses du haut de sa chaire. Charité chrétienne!... n'est-ce pas?

C'est comme cela qu'ils la pratiquent.

Nicole (Pierre), moraliste (1625-1695), traduisit en latin *les Provinciales* (1), puis écrivit au pape Innocent XI une lettre sur la morale relâchée (1677). Les Jésuites se sentirent touchés et firent un vacarme épouvantable. Nicole dut se cacher et s'enfuir en Belgique et aux Pays-Bas, où il prit toutes sortes de précautions pour échapper à ses ennemis. Il eut raison, car les Jésuites ont pour principe de se débarrasser de tous ceux qui les gênent, par n'importe quel moyen : poison, poignard, calomnie, etc.

Borri (Giuseppe-Francesco), chimiste et naturaliste (1627-1695), étudia chez les Jésuites. A Milan, l'Inquisition le condamna au feu comme hérétique, mais Borri s'enfuit à Strasbourg (1660), puis à Amsterdam, Hambourg, Copenhague. Voulant aller en Turquie, il fut livré au nonce du pape, en traversant la Moravie, transféré à Rome et enfermé dans les cachots du Saint-Office.

Linière (François-Payot), poète satirique surnommé *l'athée de Senlis* (1628-1704). Il s'attira l'inimitié d'un bon nombre de ses contemporains et les persécutions des catholiques.

Boursault (Edme), poète (1638-1701), publia une gazette en vers qui plut tellement à Louis XIV que ce roi lui accorda une pension de 2.000 livres (1661). Une semaine qu'il manquait de copie, Boursault écrivit une aventure qui était arrivée à un capucin. Ce moine était allé chez une brodeuse, pour voir si

---

(1) De Pascal.

une image de saint-François-d'Assise, commandée par son ordre, était terminée. S'étant endormi, la face sur la broderie, l'ouvrière malicieuse imagina de coudre la barbe du dormeur à la place du menton du saint. A son réveil, le capucin fut fort étonné d'être cousu à la broderie, et, après un assez long débat, il rentra en possesion de sa barbe.

Le roi rit beaucoup de cette anecdote qui était véridique, mais le confesseur de Marie-Thérèse, ne comprenant pas la plaisanterie, engagea la reine à demander vengeance.

Ordre fut donné de conduire Boursault à la Bastille ; mais il eut le temps d'écrire au prince de Condé, qui alla immédiatement trouver le roi, et obtint la révocation de l'ordre donné de l'emprisonner. La pension de Boursault fut quand même supprimée devant l'insistance de la très dévote reine poussée par son confesseur.

Saurin (Elie), (1639-1703), ayant refusé de se découvrir devant un prêtre portant le viatique, fut condamné à 300 livres d'amende et au bannissement perpétuel (4 août 1664).

Bayle (Pierre), philosophe (1647-1706), fut élève des Jésuites, à Toulouse. Etant rentré dans la religion réformée à laquelle appartenait sa famille, il dut partir secrètement pour Genève.

Pour détourner les persécutions, il changea l'orthographe de son nom et se fit écrire au nom de *Bèle*.

Il devint professeur de philosophie à Sedan, puis à Rotterdam, et, en 1682, il faisait paraître ses *Pensées sur la Comète de 1680*, où il soutenait, d'un côté, au nom de l'expérience, que la croyance en Dieu ne corrige pas les inclinations vicieuses, que les gens les plus perdus de mœurs demeurent persuadés de l'existence de Dieu; de l'autre, il affirmait que l'athéisme ne conduit pas nécessairement à la corruption, que les athées ne se sont pas signalés par l'impureté des mœurs, qu'une société d'athées se ferait des lois de bienséance et d'honneur, que les athées n'ignorent pas la différence du bien et du mal moral; qu'enfin l'athéisme ayant eu ses martyrs parmi lesquels on compte Vanini, c'est une preuve indubitable qu'il n'exclut pas les idées de gloire et d'honnêteté.

De là, on conclut qu'il s'était fait le champion des athées, et l'entrée de son livre fut interdite en France.

Les Jésuites obtinrent un ordre du roi pour faire brûler en place de Grève (1) son ouvrage : *Critique de l'histoire du Calvinisme, par le P. Mainbourg*, où il soutenait qu'on peut être religieux sans avoir des mœurs réglées, où il se faisait surtout le champion de la tolérance ; combattait la maxime, qu'il ne faut souffrir qu'une religion dans l'Etat ; appelait la Saint-Barthélémy « l'éternelle honte de la religion romaine »; montrait que la violence ne convient pas plus à la vraie religion qu'à la fausse, et raillait la confession auriculaire qui ne sert à rien pour la réformation des mœurs.

Les Jésuites se vengèrent sur le frère de Bayle, qui, jeté en prison, mourut après cinq mois de captivité à Bordeaux.

En 1684, Bayle écrivait que « l'Inquisition qui s'y rétablit à grands pas (en France), empêche plusieurs beaux ouvrages de paraître et rebute les plus célèbres auteurs ».

Il publia une brochure en 1686, où il dit que « les moines et les prêtres sont la gangrène qui ronge toujours et qui chasse du fond de l'âme toute sorte d'équité et d'honnêteté naturelle, pour y introduire à la place la mauvaise foi et la cruauté ».

La publication de *l'Avis aux réfugiés* le fit pri-

---

(1) On remarquera que c'est sur la place de Grève qu'on brûlait principalement les ouvrages dits hérétiques. Cette place s'appelle aujourd'hui place de l'Hôtel-de-Ville.

ver de sa chaire de professeur, de sa pension et du droit d'enseigner.

Les violences des catholiques contre les protestants et celles des protestants contre les catholiques émurent vivement Bayle, qui s'éleva contre l'intolérance religieuse, en publiant plusieurs brochures, notamment son *Dictionnaire critique*, où il veut la tolérance pour les hérétiques, les mahométans, les juifs, les infidèles, les païens et les athées, et où il trouve les guerres de religion horribles.

Ce grand philosophe se trouvant un jour avec le cardinal de Polignac, la conversation suivante s'engagea entre eux :

— « Parmi toutes les sectes de Hollande, demandait le cardinal, à laquelle êtes-vous le plus attaché ?

— « Je suis protestant, repartit Bayle.

— « Je le sais, reprit le cardinal ; mais, êtes-vous luthérien, calviniste ou anglican ?

— « Non, je suis protestant, car je proteste contre tout ce qui se dit et tout ce qui se fait, quand cela me paraît déraisonnable. »

Knutzen (Mathias), philosophe athée du xviie siècle. Il publia sa *Lettre d'un ami à un ami*, où il dit qu'il n'y a ni Dieu ni diable, que la vie de l'homme est bornée à cette terre, qu'après la mort, il n'y a pas de récompense à espérer, ni de châtiment à craindre. Il fut jeté en prison et on n'entendit plus parler de lui...

Blount (Charles) (1654-1693). Ses livres *Anima Mundi* et *Origine de l'Idolâtrie* (1680), soulevèrent l'opinion contre lui. D'autres ouvrages furent interdits ou brûlés. Il se suicida d'un coup de pistolet, devant l'obstination de la sœur de sa défunte femme — qu'il aimait et voulait épouser — à ne pas le prendre pour époux à cause de ses scrupules religieux. Tous les écrits de Charles Blount défendent la religion naturelle contre la religion révélée.

Fontenelle (Bernard Le Bovier), philosophe, neveu du grand Corneille, naquit le 11 février 1657, et mourut le 9 janvier 1757. Comme on le voit, il ne s'en fallait que de quelques jours qu'il devint centenaire. L'auteur des *Entretiens sur la Pluralité des mondes* étudia chez les Jésuites, puis il fit son droit. Il fut dénoncé comme athée à Louis XIV par le Père Le Tellier, confesseur du Roi. Ce ne fut que par le crédit du marquis d'Argenson, alors lieutenant de police, qu'il évita la persécution prête à éclater sur lui. *L'Histoire des Oracles* (1687), ouvrage contre la fourberie des prêtres et la superstition, lui suscita une querelle des plus violentes avec les Jésuites, et ce ne fut pas sans peine que d'Argenson le sauva des griffes de l'inquisiteur. Sa *Relation curieuse de l'île de Bornéo* faillit lui être fatale.

Champfort raconte que Fontenelle avait fait un opéra où il y avait un chœur de prêtres qui scandalisa beaucoup les cagots ; l'archevêque de Paris voulut le faire supprimer : « Je ne me mêle point de son clergé, dit Fontenelle, qu'il ne se mêle pas du mien ! »

Woolston (Thomas) (1669-1733), ayant soutenu que les miracles de Jésus Christ n'étaient pas réels, fut condamné à un an de prison et 100 liv. sterl. d'amende. N'ayant pu les payer, il ne sortit de prison que quelque temps avant sa mort.

Toland (John), écrivain (1670-1722), publia *le Christianisme sans mystères*, où tous les principes de la religion chrétienne étaient attaqués. Ce livre souleva un violent orage et força son auteur à fuir de Londres et à se réfugier à Dublin. Le Parlement de cette ville, excité par les curés, condamna son livre au feu et ordonna des poursuites contre Toland. Il dut s'enfuir en Hanovre, puis en Allemagne.

Toland publia encore un *Essai concernant l'emploi de la raison* (1707), puis un *Discours sur la Libre-Pensée* (1713).

Collins (Jean-Antoine), philosophe (1676-1729), dut quitter Londres pour ses opinions et se réfugier en Hollande.

Boindin (Nicolas), 1676-1751, littérateur et procureur général des Trésoreries de France, professait publiquement l'athéisme. Il possédait toutes les qualités requises pour entrer à l'Académie, mais le cardinal Fleury fit tout pour l'en empêcher. A sa mort, le curé de Saint-Nicolas-des-Champs lui refusa la sépulture.

« Quand on demandait à Boindin, raconte Grimm, qu'elle différence il y avait entre Dumarsais et lui, il répondait :

« Dumarsais est athée janséniste, et moi, je suis athée moliniste.

« Ils sont morts tous les deux fort vieux, ajoute Grimm, et comme ils avaient vécu, avec une simplicité de mœurs qui faisait un contraste piquant avec l'étendue et la justesse de leurs têtes, et dans une pauvreté qui ne les empêchait pas d'être contents. »

Bolyngbroke (Harry Saint-John), écrivain politique (1678-1751). Cet illustre athée avait légué tous ses manuscrits au poète David Mallet, qui les fit imprimer en 1753, ce qui excita la fureur du monde noir. Le jury de Westminster les dénonça comme attentatoires à la religion.

En France, Bolyngbroke exilé reçut, à *La Source*, la visite de Voltaire (1717) et, pendant le voyage de ce dernier en Angleterre (1726), il lui offrit l'hospitalité.

Wolf (Jean-Christian), philosophe et mathématicien (1679-1754), fut professeur de philosophie

(1707). Ses doctrines excitèrent la suceptibilité des moines qui le dénoncèrent au roi de Prusse, Frédéric Guillaume, comme athée. Ce monarque lui donna le choix de sortir de ses Etats dans les vingt-quatre heures ou d'être pendu (1723). Naturellement Wolf préféra s'en aller et quitta son pays auquel il était fort utile.

Voltaire .·. (François-Marie-Arouet) (1694-1778).

Salut ! mortel divin, bienfaiteur de la terre ;
Nos murs, privés de toi, vont te reconquérir ;
C'est à nous qu'appartient tout ce que fut Voltaire ;
    Nos murs l'ont vu naître et mourir.

Le flambeau vigilant de ta raison sublime,
Sur des prêtres menteurs, éclaira les mortels ;
Fléau de ces tyrans, tu découvris l'abîme
    Qu'ils creusaient au pied des autels.

La Barre, Jean Calas, venez, plaintives ombres,
Innocents condamnés dont il fut le vengeur.
Accourez un moment du fond des rêves sombres ;
    Joignez-vous au triomphateur (1).

Voltaire fut baptisé à Saint-André-des-Arcs, son parrain fut l'abbé de Châteauneuf. A dix ans, il entra à Louis-le-Grand, dirigé alors par les Jésuites. Il y resta sept ans.

A la mort d'Adrienne Lecouvreur, à laquelle on avait refusé la sépulture, Voltaire publia une élégie (1730). Il dût aussitôt se réfugier à Rouen, où il fit imprimer ses *Lettres Philosophiques*, qui furent brûlées par la main du bourreau. Le libraire Jore fut mis à la Bastille, et Voltaire, pour éviter le même sort, dut fuir précipitamment en Lorraine. *L'Epître à Uranie* (1732), où la divinité du Christ est mise

_____

(1) Ces vers sont de M.-J. Chénier.

en question, lui attira de nouvelles persécutions.

Ses *Lettres Anglaises* (1733) portèrent un rude coup aux institutions religieuses en France. Le clergé en demanda la suppression et l'obtint par arrêt du Parlement, ordonnant de brûler ledit ouvrage. *Le Mondain* (1736), mal vu par les dévots, l'obligea à fuir en Hollande. Il fit ensuite sa pièce de *Mahomet* (1742) contre le fanatisme musulman autant que catholique, et dont la représentation fut interdite sur la demande du Sultan. Voltaire dédia cette pièce au pape Benoît XIV (1745). *Le Poème sur le désastre de Lisbonne* (1756), qui attaque la doctrine de la Providence, renouvela la haine de ses ennemis. *Les Dialogues chrétiens* (1760) furent brûlés par le bourreau à Genève. En 1762, il écrivit *le Sermon des Cinquante* contre la religion chrétienne, *les Extraits des sentiments de Meslier* et *les Pièces sur Calas*. En 1764, il publia *La Pucelle*, qui fut condamnée en cour de Rome, brûlée à Genève et poursuivie à Paris. Son poème *La loi naturelle* excita la haine des dévots et fut brûlé par le Parlement de Paris. *Le Dictionnaire philosophique* fut brûlé à Genève (1764) et condamné par le Parlement de Paris (1765) et la cour de Rome (1765). *Le Traité de la Tolérance* (1766) fut condamné par décret de la cour de Rome. La même année il publia sa *Lettre à l'archevêque d'Auch*, sa *Relation de la mort du chevalier de La Barre* et son *Avis au public sur les parricides imputés aux Calas et aux Sirven* (1766). Il écrivit, en 1767, ses *Lettres sur Rabelais et d'autres auteurs accusés d'avoir mal parlé de la religion chrétienne* ; puis *le Dîner de Boulainvilliers* ; *l'Ingénu* (1767) ; *l'Homme aux quarante écus* (1768) qui fut condamné par le Parlement de Paris (1768) et la cour de Rome (1771) ; *l'Examen de Bolyngbroke*, mis à l'Index en 1771 ; *la Supplique des serfs de Saint-Claude* (1771) ; *la Diatribe à l'auteur des Ephémé-*

rides (1775) (1), supprimé par arrêt du Conseil ; *le Cri du sang innocent*, en faveur d'Etallonde (2), *la Bible expliquée*, etc... Sa traduction de *l'Ecclésiaste* et d'une partie du *Cantique des Cantiques* fut aussi brûlée publiquement.

Voltaire recueillit la famille **Calas** ; il s'éleva contre l'excommunication des comédiens ; il fit réhabiliter Calas, victime de l'intolérance cléricale, et chercha à sauver le *chevalier de* **La Barre**, assassiné par les prêtres. Il sauva des griffes des moines les **Sirven** et essaya de faire affranchir les esclaves des moines Bénédictins de Saint-Claude (3).

On raconte qu'à Ferney Voltaire monta dans la chaire de l'église malgré le curé, et qu'il fit aux paroissiens ébahis un sermon sur le vol.

Il est absolument faux qu'à ses derniers moments Voltaire dut manger ses excréments et boire son urine. C'est un récit stupide et odieux, inventé par ses ennemis qui n'ont jamais pardonné au *Patriarche de Ferney* d'avoir voulu faire la guerre à l'infâme, c'est-à-dire au fanatisme, à l'intolérance et à la superstition. « Je suis las, disait-il un jour, de leur entendre répéter que douze hommes ont suffi pour établir le Christianisme, et j'ai envie de leur prouver qu'il n'en faut qu'un pour le détruire. »

A la nouvelle de sa maladie, un abbé Gauthier s'introduisit dans la maison et demanda à s'entretenir seul avec Voltaire. Il chercha alors à le faire communier, mais le grand philosophe lui répondit : « Monsieur l'abbé, faites attention que je crache continuellement du sang ; il faut bien se garder de mêler celui du bon Dieu avec le mien. » L'abbé comprit et se retira tout honteux.

---

(1) C'était l'abbé Baudeau.
(2) Voir une dizaine de pages après, à l'article *La Barre*.
(3) Les derniers esclaves qui furent en France appartinrent à ces moines qui ne voulaient pas les libérer.

Le 28 mai 1778, le curé de Saint-Sulpice entra chez lui et lui dit : « Reconnaissez-vous la divinité de Notre Seigneur Jésus-Christ ? — « Au nom de Dieu, répondit Voltaire, ne me parlez pas de cet homme-là et laissez-moi mourir en paix. » Le 30 mai 1778, le grand homme expirait. Le curé de Saint-Sulpice lui refusa la sépulture chrétienne. Une réunion secrète d'évêques eut lieu, dans laquelle ils résolurent de faire jeter son cadavre à la voirie. L'archevêque de Paris, Beaumont, défendit aux Cordeliers de faire un service, comme c'était l'usage, pour chaque membre de l'Académie.

L'abbé Desfontaines, pour toute reconnaissance à Voltaire de l'avoir fait sortir de prison, écrivit un libelle contre son bienfaiteur.

Joseph de Maistre, le stupide écrivain catholique qui trouve que « l'ignorance vaut mieux que la science, car la science vient des hommes et l'ignorance vient de Dieu (sic) », écrivit à propos de Voltaire : «.Je voudrais lui élever une statue... par la main du bourreau ! »

Lefranc de Pompignan, archevêque de Vienne, écrivit dans son mandement du 31 mai 1781 : « Il a été le poète pour chanter sur tous les tons de la poésie les leçons de l'impiété ; orateur pour déclamer contre l'autel et contre ses ministres ; historien pour altérer les faits au préjudice de la révélation de l'Eglise et des saints ; philosophe, ou jaloux de le paraître, pour obscurcir les vérités les plus précieuses des nuages de scepticisme. C'est ainsi qu'il est devenu dans notre siècle le coryphée des incrédules, le patriarche de l'irréligion, etc... » Et plus loin : « ... Nous déclarons à tous nos diocésains qu'aucun d'eux ne peut, sans pécher mortellement, souscrire à l'édition des *Œuvres de Voltaire*, les acheter, les lire, les retenir, les communiquer. Nous mettons ces œuvres au nombre des livres spécialement défendus dans notre diocèse, et dont la lecture comporte, par conséquent, les peines encourues en pareil cas. Nous exhortons les curés, les autres directeurs des âmes, tous ceux qui ont quelque autorité, d'empêcher par tous les moyens qui dépendent d'eux, la distribution, l'acquisition ou la lecture desdites œuvres, etc... » *Signé :* Jean-Georges, archevêque de Vienne. Le corps de Voltaire fut déposé au Panthéon le 11 juillet 1791, au milieu d'un grand enthousiasme populaire.

La Chalotais (Louis-René de Caradeuc), magistrat (1701-1785). Procureur général au Parlement de Bretagne, il fut chargé de faire un rapport « sur les doctrines des prêtres et écoliers soi-disant de la Société de Jésus », à propos de la faillite aux Antilles du Père La Valette, supérieur général des Jésuites. Le 24 mai 1762. La Chalotais déposa son rapport, où il faisait un saisissant tableau des dangers que présentait la théorie soutenue par les Jésuites, et où il demandait leur dissolution. Les disciples de Loyola se vengèrent en le dénonçant comme l'auteur de lettres anonymes adressées au ministre Saint-Florentin. La Chalotais et son fils furent arrêtés et jetés en prison dans la citadelle de Saint-Malo (1765). Pendant sa détention, ce courageux magistrat écrivit — avec un cure-dent et de l'encre qu'il s'était fabriquée avec de la suie — trois mémoires justificatifs qui furent imprimés clandestinement et supprimés par ordre du Conseil. La Chalotais et son fils furent tous deux exilés à Saintes, où ils restèrent quatorze ans. Louis XVI fit rappeler La Chalotais (1774), et le réintégra dans ses anciennes fonctions avec une indemnité de 100.000 livres, plus une rente de 8.000 livres.

La Mettrie .·. (1) (Julien-Offray), médecin et

(1) Parmi les plus illustres francs-maçons, nous pouvons citer : Arago, Augereau, Bailly, Barnave, Elié de Beaumont

philosophe (1709-1751). Il étudia chez les Jésuites de Caen. Ses parents le destinaient à l'état ecclésiastique, mais il refusa énergiquement d'embrasser cette carrière de parasite et jugea qu'il pourrait rendre de meilleurs services en faisant autre chose que de marmotter des prières à l'Éternel. En 1742, il fit campagne, comme médecin du régiment des gardes françaises. Mais la publication de son *Histoire Naturelle de l'âme* (1745) lui fit perdre toutes ses places, et, pour éviter la Bastille, il se réfugia à la cour du roi Frédéric, qui le nomma son lecteur.

Deux des ouvrages de La Mettrie furent brûlés, notamment l'*Homme-machine* (1748), condamné au feu par arrêt des magistrats de Leyde. Par testament, le fameux philosophe demandait à être enterré dans le jardin de lord Tyrconnel, ce qui eût été un dernier acte d'irréligion. On jugea plus convenable de l'ensevelir dans... une église (1) où, dit Voltaire, « il est tout étonné d'être. »

Rousseau (Jean-Jacques), philosophe (1712-1778), étudia au séminaire des Lazaristes d'Annecy (1729). En 1762, il écrivit l'*Émile*. Le clergé fit si bien, pour

Bernadotte, Berryer, Louis Blanc, Boissy d'Anglas, Brissot, Cambacérès, Canrobert, le conventionnel Carnot, Champfort, Chaptal, Chénier, Condé, Condorcet, Crémieux, Dalembert, Danton, David d'Angers, le maréchal Davout. Désaugiers, Camille Desmoulins, Diderot, Dupin, Jules Favre, Fouché, Fourcroy, Franklin, Gambetta, Garibaldi, Garnier Pagès, l'abbé Grégoire, Hébert, Henri Heine, Helvétius, Henrion du Pansay. Hoche, Humbold, Hutchinson, Kellermann, Kléber, Lacépède, La Fayette, Lamartine, Lamottrie, Laplace, Laréveillère-Lepeaux, La Rochefoucault, Las Cases, Lauriston, Lauzun, le maréchal Lefèvre, Lepelletier-Saint-Fargeau, Lessing, Littré, Mac Donald, Marceau, Masséna, Maupertuis, Mercier, Meyerbeer, Mirabeau, le maréchal Moncey, Montgolfier, Moreau, le maréchal Mortier, Mozart, Nelson, Odillon Barrot, le maréchal Oudinot, Parny, Pernéty, Péthion, Pingré, Proudhon, Quinet, Rohan-Guéménée, J. J. Rousseau, Saint-Just, Santerre, de Ségur, Sieyès, le maréchal Soult, Tissot, Turgot, Volney, Voltaire, Washington, etc...

le faire emprisonner, qu'il y arriva. Rousseau, prévenu par le prince de Conti, quitta la France et se réfugia près de Berne. Il y était à peine arrivé, qu'il apprit que *l'Emile* venait d'être brûlé par le bourreau à Paris (11 juin 1762) et à Genève (19 juin), ainsi que *le Contrat social*. Jean-Jacques, expulsé d'Yverdun se réfugia dans le comté de Neufchâtel, où il fut persécuté par le clergé protestant. Il reçut le mandement de l'archevêque de Paris, le sieur de Beaumont, auquel il fit une réplique foudroyante.

Les Lettres de la Montagne furent brûlées à Paris avec *le Dictionnaire philosophique* de Voltaire, en vertu d'un arrêt en date du 19 mars 1765, ainsi qu'à La Haye, Berne et Neufchâtel.

Diderot (Denis) (1713-1784) fit ses études au collège des Jésuites (1). Un de ses premiers ouvrages *Les Pensées philosophiques*, fut condamné au feu par le Parlement. En 1747, le curé de Saint-Médard le dénonça au lieutenant de police Berryer comme « impie et fort dangereux. » En 1749, il publia sa *Lettre sur les aveugles*, où il pose la doctrine de l'athéisme matérialiste, ce qui lui valut d'être emprisonné au donjon de Vincennes, où il resta trois ans. C'est alors qu'il entreprit *l'Encyclopédie*.

Voici ce que M. Génin écrit à ce sujet : « Les Jésuites qui ont la rage de se fourrer partout où ils prévoient la puissance, avaient voulu s'introduire aussi dans *l'Encyclopédie*, pour travailler à la partie théologique et se mettre avec Diderot, puisque Diderot n'avait pas voulu se mettre avec eux. Leur concours avait été refusé net : on n'avait pas

---

(1) Les Jésuites n'ont pas eu de chance avec leurs élèves : on a vu aux pages précédentes que Viau, Grandier, Molière, Borri, Bayle, Fontenelle, Voltaire, La Mettrie et Diderot, sortaient de leurs collèges. Rabelais fut élevé par les Bénédictins, Desperrier par des moines, La Fontaine alla à l'Oratoire, et Rousseau chez les Lazaristes.

voulu d'eux, pas plus que des Jansénistes. Alors le cri de ralliement fut : *impiété et irreligion*.

La meute aboyante n'attendit même pas l'apparition de l'ouvrage pour le diffamer. Abraham Chaumeix, ancien convulsionnaire de Saint-Médard, publia *les Préjugés légitimes contre l'Encyclopédie*.

Vint ensuite *la Religion vengée*, ou *Réfutation des auteurs impies*, en vingt volumes du P. Hayer, Recollet. Un Père Jésuite, nommé Le Chapelain, dans un sermon prononcé devant le roi, fulmina contre *l'Encyclopédie*. Le théatin Boyer, ancien évêque de Mirepoix, le célèbre inventeur des *Billets de confession*, ne manqua pas de prendre parti pour les ténèbres contre la lumière. Pendant trente ans qu'il travailla à *l'Encyclopédie*, Diderot ne connut pas un jour de repos et de sécurité. »

L'Encyclopédie se vendait très bien, quand un arrêt du Conseil du 7 février 1752 suspendit la distribution du tome II. Les véritables instigateurs de cet interdit étaient les rancuneux Jésuites et l'évêque Boyer. A la publication du septième volume, un arrêt ordonna que l'ouvrage fût lacéré et brûlé par la main du bourreau. Un second arrêt révoqua le privilège accordé aux Libraires associés (18 mars 1759), et un troisième, en date du 21 juillet 1759, ordonna le remboursement aux souscripteurs de 72 livres, sur les avances qu'ils avaient faites pour avoir la totalité de l'ouvrage, officiellement supprimé. En dépit de tout, *l'Encyclopédie* parut. (1)

L'archevêque Christophe de Beaumont fit un

_____

(1) Dans *l'Encyclopédie*, la théologie est de l'abbé Mallet ; la métaphisique, la logique, et la morale, de l'abbé Yvon, secondé de l'abbé Pestré ; l'arithmétique et la géométrie élémentaire, de l'Abbé La Chapelle ; la grammaire est de Dumarsals ; la musique, de Rousseau ; etc.

mandement contre cet ouvrage. C'était le coup de pied de l'âne...

Bien qu'il eût refusé de rétracter ses opinions, et de se confesser, le célèbre auteur de *la Religieuse* fut enterré dans l'église Saint-Roch à Paris !

Citons, pour terminer, quelques vers de Diderot :

Une douleur muette, une haine profonde
Affaisse tour à tour et révolte son cœur,
Quand je vois des brigands, dont le pouvoir se fonde
　　Sur la bassesse et la terreur,
Ordonner le destin et le malheur du monde......

...... L'enfant de la nature abhorre l'esclavage ;
Implacable ennemi de toute autorité,
Il s'indigne du joug, la contrainte, l'outrage,
Liberté ! c'est son vœu ! son cri, c'est liberté !...

　　...... Jamais au public avantage
L'homme n'a franchement sacrifié ses droits,
S'il osait de son cœur n'écouter que la voix,
　　Changeant tout à coup de langage,
　　Il nous dirait comme l'hôte des bois :
« La Nature n'a fait ni serviteur, ni maître ;
« Je ne veux ni donner, ni recevoir de toi. »
Et ses mains ourdiroient les entrailles du prêtre
Au défaut d'un cordon pour étrangler les rois.

DIDEROT (1).

Raynal (Guillaume-Thomas-François), historien et philosophe (1713-1796). Il étudia aussi chez les Jésuites et fut ordonné prêtre, mais il quitta le froc pour collaborer au *Mercure de France*.

(1) « Pour être athée comme Hobbes, Spinoza, Bayle, Dumarsais, Helvétius, Diderot et quelques autres, il faut avoir beaucoup observé, beaucoup réfléchi ; il faut joindre, à des connaissances très étendues dans plusieurs sciences difficiles, une certaine force de tête... Il doit donc, nécessairement, y avoir peu d'athées. »

NAIGEON.

En 1770, il publia une *Histoire philosophique et politique des établissements et du commerce des Européens dans les deux Indes*, ouvrage en quatre volumes remplis de passages vigoureux contre les prêtres, la superstition, etc. Un arrêt du Parlement en défendit l'introduction en France (1779). Raynal en fit une nouvelle édition en 1780, mais il dut fuir précipitamment à Spa, en emportant sa fortune. Pendant ce temps, le Parlement ordonnait l'arrestation de l'auteur et la confiscation de ses biens, et faisait brûler *l'Histoire philosophique* par la main du bourreau (arrêt du 21 mai 1781).

Helvétius .·. (Claude-Adrien), philosophe et littérateur (1715-1771), publia son livre *De l'Esprit*, (1751), qui fut condamné par l'Inquisition à Rome par les Jésuites, le Pape, les Jansénistes, le Parlement et la Sorbonne, et définitivement brûlé par la main du bourreau. Son ouvrage intitulé *De l'Homme*, qui contient la négation de toute religion, n'était pas fait pour le faire absoudre par ses ennemis.

Pernety .·. (Antoine-Joseph) (1716-1801), ayant jeté le froc de bénédictin aux orties, fut en butte aux persécutions de l'archevêque de Paris et dut fuir à Avignon, où il fonda une loge maçonnique. Quelque temps après, il fut jeté en prison.

Dulaurens (Henri-Joseph), littérateur (1719-1797), fit ses études chez les Jésuites. Poussé par une mère dévote, il entra chez les chanoines Trinitaires, mais ne put se plier aux absurdes pratiques, ni aux règles du cloître. On raconte qu'ayant eu une querelle avec ses supérieurs, ceux-ci l'enfermèrent pendant plusieurs mois dans une sorte de cage suspendue au-dessus du sol. Il s'attira la haine de ses confrères en jupon, en attaquant les Jésuites en chaire ; il voulut alors entrer chez les moines de Cluny, mais ceux-ci lui fermèrent leur porte au nez, ce qui valut mieux pour lui. En 1761, le Parlement ayant rendu son célèbre arrêt contre les Jésuites, Dulaurens, pour se venger des persécutions qu'il subissait, écrivit, en collaboration de **Groubenthal**, *Les Jésuitiques* (1762), satire des plus violentes contre les congrégations en général et la Société de Jésus en particulier. Dulaurens dut s'enfuir en Hollande. Son collaborateur fut jeté en prison et resta un mois à la Bastille. Les Jésuites, qui ne laissent jamais échapper leur proie, découvrirent sa retraite à Mayence et se vengèrent en le dénonçant au Saint-Office de cette ville comme l'auteur d'ouvrages anticléricaux. Il fut arrêté et condamné par la Chambre ecclésiastique à la prison perpétuelle (1767). Emprisonné dans la forteresse de Marienbaden, il y mourut trente ans après, sans avoir reconquis la liberté...

Outre *les Jésuitiques* (1762), il publia *la Sainte-Chandelle d'Arras* (1765); *l'Évangile de la Raison* (1764); *le Compère Mathieu* (1766), roman anticlérical, plusieurs fois condamné par les tribunaux, *l'Antipapisme révélé* (1767); *les Abus dans les cérémonies religieuses* (1767), etc.

Voici quelques vers de l'abbé Dulaurens :

> ...Un tendre père a-t-il pour ses enfants
> Tant de rigueur, et pour blanchir notre âme
> Tel qu'un cochon, faudra-t-il dans la flamme,
> Brûler tout vif un homme à petit feu ?
> Un corps grillé peut-il plaire au bon Dieu ?

Prades (Jean-Martin), écrivain et théologien (1720-1782), collabora à *l'Encyclopédie,* dont il partageait les opinions. En 1751, se présentant au doctorat, il soutint une thèse où ses opinions théologiques étaient en rapport avec celles de *l'Encyclopédie.* La faculté de théologie censura ses déclarations ; l'épiscopat le condamna et le Parlement décréta une prise de corps contre lui. De Prades dut se sauver en Hollande, et il alla plus tard à la cour du roi de Prusse.

Lessing .˙. (Gothold-Ephraïm), écrivain (1729-1781). Son père le destinait à l'état ecclésiastique. Il reçut le privilège de voir ses ouvrages exemptés de la censure, mais une violente querelle qu'il eut avec les théologiens le lui fit retirer.

Lessing prêcha la tolérance et attaqua les dogmes. Il publia et remania *les Fragments d'un inconnu*, de Reimarus, et écrivit des pamphlets contre les théologiens, notamment *l'Anti-Goetze*, ouvrage plein d'ironie. Lessing écrivit un poème dramatique intitulé *Nathan der Weise* (1779), où il met en scène un juif, un mahométan et un catholique, qui se reconnaissent, à la fin, unis par des liens de parenté.

Lalande .˙. (Joseph-Jérôme, le Français de), astronome (1732-1807). Il étudia chez les Jésuites (1). En 1762, il occupa la chaire d'astronomie au Collège de France. Il collabora au *Dictionnaire des Athées*, de Sylvain Maréchal, où il écrit dans la préface : « Je me félicite plus de mes progrès en athéisme que ceux que je puis avoir fait en astronomie, parce qu'il y a peu de personnes qui aient acquis l'évidence à laquelle je crois être parvenu. Je suis flatté et je m'applaudis souvent d'avoir trouvé la vérité par la force et la continuité de cinquante ans de réflexions profondes, et n'avoir plus aucune espèce de doute dans un sujet sur lequel presque tous les hommes sont dans l'erreur ou dans le doute. »

Napoléon, blessé de le voir propager l'athéisme,

---

(1) Rajoutons aux noms des anciens élèves de Jésuites, cités à une des pages précédentes, ceux de Raynal, Dulaurens et Lalande. On verra plus loin que Méry et Renan étudièrent dans un séminaire. Nourris dans le sérail, ils en connurent les détours !..

écrivit au ministre de l'Intérieur pour qu'il eut à blâmer le célèbre astronome, ce qui fut fait.

C'est Lalande qui écrivait : « J'ai vécu avec les plus célèbres athées, Buffon, Diderot, Voltaire, d'Holbach, d'Alambert, Condorcet, Helvétius. Ils étaient persuadés qu'il fallait être imbécile pour croire en Dieu. »

Payne (Thomas), publiciste (1737-1809), écrivit, pendant qu'il était dans la prison du Luxembourg, *l'Age de Raison*, où il s'élevait contre toutes les religions (1792). Cet ouvrage souleva la haine des cagots.

En 1802, Payne alla aux Etat-Unis, où les ministres des différentes sectes essayèrent vainement de lui faire abjurer ses idées libre-penseuses. L'un d'eux, même, tenta de l'assassiner. Lorsqu'il mourut, on refusa de recevoir le corps de « cet impie » au cimetière.

Groubenthal de Linière (Marc-Ferdinand), littérateur (1739-1815), composa *les Jésuitiques*, en collaboration avec Dulaurens, et fut arrêté pour cet ouvrage. Sa correspondance avec Dulaurens étant tombée entre les mains de la police, il fut conduit à la Bastille (1762), où il resta trois mois.

Dupuis (Charles-François), philosophe (1742-1809). A trente-trois ans (1775), il quitta l'habit ecclésiastique et se maria. Il fit la connaissance de Lalande, qui l'amena à la Libre-Pensée. En 1795, il écrivit *l'Origine de tous les Cultes*, ouvrage qui fut, sous la Restauration, l'un des meilleurs livres de propagande antireligieuse. La haine cléricale le poursuivit partout et le poursuit même encore aujourd'hui. Grâce à M. Minot, un monument a été élevé à Dupuis, le 27 septembre 1903, dans le cimetière d'Echevannes (Côte-d'Or). Le lendemain de l'inauguration, deux saintes femmes vinrent dans le cimetière et arrachèrent les couronnes qui avaient été déposées la veille (1). Ce qui prouve que le fanatisme religieux est encore loin d'être éteint. Ces deux bigotes ont été condamnées, par le tribunal correctionnel de Dijon, chacune à 25 francs d'amende avec sursis, pour violation de sépulture (2 novembre (1903).

Lindet (Robert-Thomas), homme politique et prélat (1743-1832), fut élu évêque et se maria en 1792. En novembre 1793, il renonça à ses fonctions épiscopales. L'ardeur de ses convictions républicaines lui attira des persécutions après le 9 thermidor. Il fut proscrit en 1816.

La Barre (Jean-François Lefebvre) (1747-1766). Nous voici arrivé au nom de l'une des plus grandes victimes de l'intolérance cléricale. L'exécution de ce pauvre jeune homme eût un retentissement considérable au dix-huitième siècle, en France et à l'étranger. Voici les documents intéressants que nous avons pu recueillir sur ce crime épouvantable.

Jean-François Lefebvre, « chevalier de a Barre », naquit à Abbeville en 1747. Son père, allié à la famille d'Ormesson, était un ancien lieutenant-général des armées et gouverneur du Canada, sous Louis XIV. Jean-François, élevé par sa tante, Mme de Villencourt, abbesse d'un monastère d'Abbeville, étudia les mathématiques, et était sur le point d'obtenir une compagnie de cavalerie, lorsqu'il fut accusé d'avoir gardé son chapeau sur la tête, à cinquante pas d'une procession de capucins qui traversait la campagne.

Le dénonciateur, un fervent catholique, nommé Belleval, vieillard sexagénaire, poursuivait de ses assiduités la belle abbesse, qui finit par lui inter-

(1) Voir le journal *La Raison* du 11 octobre 1903.

dire sa porte. C'est alors qu'il jura de se venger sur le neveu de son échec auprès de la tante.

Belleval, de concert avec Duval de Saucourt, conseiller présidial, qui s'était brouillé avec l'abbesse pour des affaires d'intérêt, interrogea et suborna la valetaille du chevalier et de la tante. Ils apprennent qu'un jour, étant ivre, La Barre avait chanté une chanson dans laquelle Marie-Madeleine était qualifiée de p...! Ils racontèrent la chose au premier juge de la sénéchaussée, qui délivra un mandat d'amener contre le jeune chevalier et son ami d'Etalonde.

Pendant ce temps, il arriva qu'un crucifix de bois, qui se trouvait sur le Pont-Neuf d'Abbeville, fut trouvé mutilé à coups de sabre. L'évêque d'Amiens, La Motte — un des plus fanatiques — se transporta avec tous ses compères sur le lieu du crime (?) et, pieds nus, la corde au cou, il récita des prières à grand renfort d'eau bénite.

Le saint mouchard Belleval ne pouvait perdre une si belle occasion de nuire, et il déclara que ceux qui ne se découvraient pas sur le passage d'une procession étaient bien capables de briser un crucifix.

Six témoins déposèrent dans l'affaire de la procession, et La Barre déclara que s'il ne s'était pas découvert à son passage, c'était par oubli, et non par irrévérence.

Huit témoins racontèrent les couplets de la chanson.

Quant à la mutilation du crucifix, rien n'établit la culpabilité du chevalier.

Une dame Elisabeth Lacivel déposa *avoir entendu dire* à un de ses cousins *qu'il avait entendu dire* que le jeune La Barre avait conservé son chapeau sur la tête (1).

_____

(1) A lire : *L'Eglise à travers l'Histoire*, par Gallimant,

Une femme Ursule Gondalier affirma que le chevalier ayant vu une statuette de saint Nicolas en plâtre, au couvent de sa tante, avait demandé à la sœur tourière si elle avait acheté cette statuette pour avoir celle d'un homme chez elle.

Un nommé Beauvalet déposa que le chevalier avait proféré un mot impie contre la Vierge. D'autres dirent que l'accusé avait mal parlé de l'Eucharistie, qu'il avait chanté une ode à Priape, de Piron, etc.

..... Rien que la mort n'était capable d'expier son forfait. Les juges, fanatisés par l'évêque, et excités par Belleval, le condamnèrent :

1° A subir la question ordinaire et extraordinaire pour lui faire dire le nom de ses complices ;

2° A avoir la langue arrachée jusqu'à la racine, et dans le cas où il ne la présenterait pas volontairement, à l'avoir arrachée avec des tenailles ;

3° A avoir la main droite coupée devant la grande porte de la principale église ;

4° A être conduit dans un tombereau à la place du Marché pour y être attaché à la potence avec une chaîne de fer et brûlé à petit feu.

La même peine fut prononcée par contumace contre le jeune d'Etalonde, qui avait eu le temps de fuir en Angleterre.

Cette terrible sentence fut rendue le 28 février 1766.

« Une ancienne chanson de table, écrit Voltaire, n'est après tout qu'une chanson ; c'est le sang humain légèrement répandu, c'est la torture, c'est le supplice de la langue arrachée, de la main coupée, du corps jeté dans les flammes, qui est abominable et exécrable. »

La Barre fit appel à cet atroce jugement. Il fut

page 186. Prix : 1 fr 50, chez Godfroy, 18, avenue de Paris, à Versailles.

transféré à Paris pour y être jugé de nouveau. Dix des plus célèbres avocats rédigèrent une consultation par laquelle ils démontrèrent l'illégalité de la procédure et l'indulgence due à des enfants mineurs. Le procureur général lui-même conclut à la cassation de la sentence d'Abbeville.

Sur 25 juges, 10 votèrent pour les conclusions du procureur général; les 15 autres, intimidés par les menaces des évêques, confirmèrent la sentence des premiers juges, en ordonnant cependant que le condamné serait décapité avant d'être livré aux flammes (4 juin 1766).

Le roi *Louis-le-Bien-Aimé*, imploré à genoux par l'abbesse, parente du jeune La Barre, resta impitoyable.

Jean-François Lefebvre, chevalier de La Barre, fut alors ramené à Abbeville, dans une chaise de poste, escortée de chevaliers de la maréchaussée, déguisés en courriers, et entra dans la ville par la porte opposée à celle de la route de Paris, pour détourner l'attention. Il fut exécuté le 1er juillet 1766, à l'âge de dix-neuf ans!...

Ses jambes furent serrées dans des ais, on enfonça des coins entre les ais et les genoux, en sorte que *les os furent broyés*. Le pauvre garçon s'évanouit, mais un bon moine, ne voulant pas qu'il perdît rien de la souffrance, le fit bientôt revenir, en lui faisant avaler une forte liqueur spiritueuse.

On avait expédié cinq bourreaux de Paris. L'un d'eux, Sanson, lui appliqua *la torture des brodequins*.

Puis le poignet, la langue et la tête furent coupés. Le corps fut placé sur un bûcher, avec *le Dictionnaire philosophique* et quelques autres ouvrages que l'on avait trouvés chez le jeune chevalier.

L'atrocité du supplice révolta tellement le peuple que les juges durent s'enfuir pour ne pas être lapidés. On n'osa pas poursuivre le procès des autres inculpés, de *Moinel*, de *Douville-Maillefeu* et de *Belleval*, le propre fils du mouchard, qui se trouvait engagé dans les poursuites.

Le supplice de La Barre, dont la magistrature et les catholiques auront éternellement à rougir, contribua largement au triomphe de la liberté de conscience. C'était une terrible manière d'appuyer par des exemples les doctrines de la philosophie.

Le 25 brumaire an II, la Convention adopta, à l'unanimité, le décret suivant :

Article premier. — Le jugement prononcé par le ci-devant Parlement de Paris, le 5 juin 1766, contre La Barre et Etallonde, *dit de Morival*, est anéanti.

Art. II. — La mémoire de La Barre et d'Etallonde, victimes de la superstition et de l'ignorance, est réhabilitée.

Art. III. — Les héritiers de La Barre et d'Etallonde sont autorisés à se mettre en possession des biens qui appartenaient à ces infortunés.

Art. IV. — En cas de vente, une somme égale à celle du produit sera comptée sans délai aux dits héritiers, par la trésorerie publique.

Ildeux siècles de foi, de lèpre et de famine,
Que le reflet sanglant des bûchers illumine!
Siècles du goupillon, du froc, de la cagoule,
De l'estrapade et des chevalets, où la Goule
Romaine, ce vampire ivre de sang humain,
L'écume de rage aux dents, la torche en main,
Soufflent dans toute chair, dans toute âme vivante.
L'angoisse d'être au monde autant que l'épouvante
De la mort voue au feu stupide de l'Enfer.
L'Holocauste fumant sur son autel de fer!
Dans chacune de vos exécrables minutes,
O siècles d'égorgeurs, de lâches et de brutes,
Honte de ce vieux globe et de l'humanité,
Maudits, soyez maudits, et pour l'éternité .... (1)

(1) Leconte de Lisle.

Le 6 juillet 1791, le Théâtre-Italien donna une pièce intitulée *Le Chevalier de La Barre*, par Marsollier, mais le sujet était trop horrible pour fixer longtemps le public.

Voyons maintenant ce que pense de ces terribles exécutions le stupide Joseph de Maistre, écrivain catholique : « Les premiers inquisiteurs n'opposèrent jamais à l'hérésie d'autres armes que la prière (!) la patience (!!) et l'instruction (!!!). *L'Eglise abhorre le sang* : jamais le prêtre n'élève d'échafaud (*sic*); il y monte seulement comme victime (?) ou consolateur (!) séparons donc et distinguons bien exactement, lorsque nous raisonnons sur l'Inquisition, la part du Gouvernement de celle de l'Eglise. Tout ce que le tribunal montre de sévère et d'effrayant, et la peine de mort surtout, appartient au Gouvernement; c'est son affaire, c'est à lui et c'est à lui seul qu'il faut en demander compte. Toute la clémence, au contraire, qui joue un si grand rôle dans le tribunal de l'Inquisition, est l'action de l'Eglise qui ne se mêle de supplices que pour les supprimer (*sic*) ou les adoucir (?). Ce caractère indélébile n'a jamais varié, et c'est un crime de soutenir, d'imaginer seulement que les prêtres puissent condamner à mort (!). »

Evidemment, *Jeanne d'Arc* (1) a été brûlée par les francs-maçons et *Calas* et *Sirven* (2), martyrisés par les libre-penseurs!.....

Un groupe de libre-penseurs a décidé d'élever une statue au chevalier de La Barre, en face de l'affreux Bonnet-de-Nuit, qui déshonore Paris, l'ignoble mosquée cordicole de Montmartre, temple

---

(1) A lire : *Jeanne d'Arc*, par M. Delpech, 32 pages, 0 fr. 10, chez Cornély, 101, rue de Vaugirard, Paris.

(2) A lire : *Traité sur la tolérance*, par Voltaire, 312 pages, les deux volumes pour 0 fr. 50, au journal *La Raison*, 14, rue d'Uzès, Paris

de la Betise Humaine, édifice de Haine et de Mensonge.

« Il faut élever, comme à Dolet, un monument à
ce malheureux, dont la mort atroce crie vengeance....
Il faut qu'il obstrue la porte du Sacré-Cœur, et
qu'il crie à tous : L'Eglise est meurtrière, l'Eglise
est cruelle, ne croyez pas à ses hypocrisies.

Peuple, voilà ce qu'elle a fait, ce qu'elle ferait
demain de tes enfants, si elle en avait la force! » (1)

Le comité de patronage se compose de MM. Henri
Bauer, homme de lettres; Chauvière, député;
Dejeante, député; Delpech, sénateur; Guinaudeau,
publiciste; Clovis Hugues, député; Ferdinand
Imbert, du *Réveil Républicain;* Le Grandais, du
Tocsin; Jules Lermina, du *Radical;* Poulain, dé-
puté; Jacques Prolo, publiciste; Ranc, du *Radical;*
L.-X. Ricard, homme de lettres; Adrien Veber,
conseiller municipal; Michel Zévaco, homme de
lettres.

La souscription pour l'érection du monument
s'élevait au 15 février 1904, à la somme de 3.992 fr. 70.
Les personnes qui désireraient souscrire doivent
adresser leur obole au citoyen Ulysse Baudrit,
45, rue Dombasle, à Noisy-le-Sec (Seine).

Le dimanche 10 juillet 1904, les anticléricaux
d'Abbeville, au nombre de 600, ont été déposer des
couronnes sur le « pavé » de La Barre, place Cour-
bet, à l'occasion du 138e anniversaire du martyre du
jeune chevalier libre-penseur. Un banquet de
120 couverts réunit les délégués d'une quinzaine de
groupes.

Les citoyens Dejeante, député, et Harrent, firent
une conférence fort applaudie par les militants
d'Abbeville.

Siéyès .'. (Emmanuel Joseph), publiciste (1748-

(1) *Jules Lermina*, dans *Le Radical.*

1836), reçut deux coups de revolver, qui lui fracas-
sèrent le poignet. Son assassin, l'abbé Poulle, fut
condamné à vingt ans de travaux forcés. « Quand il
reviendra me voir, dit Siéyès à son portier, vous
lui direz que je n'y suis pas. »

Maréchal (Pierre-Sylvain), littérateur et philosophe (1750-1803), publia en 1784, *le Livre échappé
du déluge*, où il parodiait le style des prophètes.
Cet ouvrage lui fit perdre sa place de bibliothécaire au collège Mazarin. Il fit paraître, en 1788, son
Almanach des honnêtes gens, où les noms des
hommes célèbre anciens et modernes étaient subs-
titués aux noms des saints. Son *Almanach* fut
brûlé par la main du bourreau, et Maréchal fut
enfermé quatre mois à la prison de Saint-Lazare.
En 1798, il publia *le Culte des hommes sans dieu*,
et, en 1800, son fameux *Dictionnaire des Athées*. Le
gouvernement de Bonaparte interdit la circulation
de cet ouvrage.

Voici l'épitaphe de Sylvain Maréchal, écrite par
lui-même :

Heureux qui né d'un père exempt de préjugés,
Fut élevé par lui loin des prêtres gagés,
Pour enseigner l'erreur, prêcher l'intolérance
Heureux ! l'homme ignoré, qui vit dans l'ignorance
Des dieux, de leurs suppôts, plus méchants que les dieux,
Des tableaux indécents, des dogmes odieux
Que la religion, par le despote armée,
Consacre dans l'esprit de la foule alarmée !
Heureux qui, de la mort, pressé par l'aiguillon,
Au sein de ses amis, dans un doux abandon,
Sent couler sur sa main les larmes de ses frères,
Est sourd aux vains propos ; aux pieuses chimères,
Dont on repait le cœur d'un chrétien abattu,
Et meurt en prononçant le nom de la vertu !
Amis ! lorsque le temps de son pied trop agile,
Heurtera de mon corps l'édifice fragile,
Que mes débris poudreux soient par vous recueillis !

Par vous sur mon tombeau que ces vers soient écrits :
« Cy repose un paisible athée ;
« Il marcha toujours droit, sans regarder les cieux,
« Que sa tombe soit respectée ;
« L'ami de la vertu fut l'ennemi des dieux ».

Parny .˙. (Evariste-Désiré de Forges de), poète, (1753-1814). Il composa *la Guerre des dieux* (1799), poème dans lequel il ridiculisait le christianisme. Cet ouvrage effraya les dévots, et nuisit aux missions. Pour plaire à la Congrégation, les juges condamnèrent ce livre, par arrêt du 27 juin 1827. Parny écrivit aussi *le Paradis perdu* (1805), *les Galanteries de la Bible* (1805), et *la Christianide*, histoire travestie du christianisme, dont le manuscrit fut acheté trente mille francs par le gouvernement de la Restauration, pour le détruire. Napoléon fit rayer cet impie de la liste des candidats à la place de bibliothécaire des Invalides.

Parny fut membre de l'Académie française (1803), mais, après sa mort, on interdit de prononcer son éloge à cette Assemblée.

Pigault-Lebrun (Charles-Antoine-Guillaume de l'Epinoy), romancier et auteur dramatique (1753-1835), fit ses études chez les Oratoriens de Boulogne. Il fut expulsé pour avoir présenté à l'évêque de Liège une pièce remplie d'attaques contre l'aristocratie et l'Eglise. La Restauration et le second Empire s'acharnèrent sur certains ouvrages. *L'Enfant du Carnaval* (1792), fut condamné en 1825, en 1827 et en 1852. *Le Citateur* (1803), recueil de citations contre le christianisme, fut saisi et condamné sous la Restauration. Citons encore, du même auteur, *la Sainte-Ligue ou la Mouche* (1829) avec ce sous titre: *Pour servir de suite aux annales du fanatisme, de la superstition et de l'hypocrisie*. Le cardinal de Bellay réclama l'excommunication de l'auteur. Quant à Bonaparte, il défendit à son frère Jérôme de prendre Pigault-Lebrun comme bibliothécaire, toujours à cause du *Citateur* (1806).

Cloots (Jean-Baptiste, dit Anarcharsis, baron du Val-de-Grâce), philosophe et révolutionnaire (1755-1794). Il écrivit un livre : *Certitude des preuves du Mahométisme*, où il attaquait violemment toutes les religions en général et le catholicisme en particulier. C'était pour répondre à un ouvrage qui venait de paraître : *Certitude des preuves du Christianisme*. Menacé de la Bastille, il se réfugia en Angleterre, puis voyagea dans tous les pays d'Europe pour échapper aux persécutions.

« J'étais à Rome, écrivait-il, quand on voulait m'incarcérer à Paris, et j'étais à Londres quand on voulait me brûler à Lisbonne. »

Le 27 brumaire, Cloots proposa à la Convention d'ériger une statue à Jean Meslier, « le premier prêtre qui ait eu le courage et la bonne foi d'abjurer les erreurs religieuses. »

Montlosier (François - Dominique - Reynaud), publiciste (1755-1838), écrivit de nombreux ouvrages (1826 à 1833), tels que *les Lettres d'accusation contre les Jésuites* (1826), *les Jésuites, la congrégation et le parti prêtre* (1827), etc... Son livre sur les Jésuites (1826) eut un immense retentissement. Privé de sa pension par le Gouvernement, il continua sa campagne contre la funeste Compagnie, et contribua ainsi indirectement aux ordonnances de 1828 et à la Révolution de 1830. A son lit de mort, l'évêque de Clermont voulut le forcer à rétracter ses écrits, ce qu'il refusa énergiquement. Montlosier fut enterré civilement au milieu d'un énorme concours de population.

Fessler.*. (Ignace-Aurélien), historien (1756-1839), entra dans l'ordre des Capucins (1773) à l'instigation de sa mère, fervente catholique. Révolté

des abus qu'il trouvadans le cloître, il le quitta et se
fit franc-maçon. Accusé d'athéisme pour sa tragédie
Sydney (1787), il dut fuir en Silésie. Il erra en Autri-
che, en Prusse et en Russie, poursuivi de ville en
ville par les inimitiés qu'il s'était attiré en dénonçant les moines.

Fichte (Jean-Théophile), philosophe (1762-1814).
En 1798, il écrivit deux articles athéistes dans le
Journal philosophique ; le journal fut interdit et ses
leçons supprimées. Puis il fut contraint de donner
sa démission (1799) et dut fuir à Berlin.

Béranger (Pierre-Jean), chansonnier (1780-1857),
était déjà libre-penseur à douze ans, si l'on en juge
par l'anecdote suivante. Un jour de mai, il avait été
renversé par un coup de tonnerre et à moitié asphyxié.
Sa tante, fervente catholique, pour se préserver de
la foudre, avait aspergé la maison d'eau bénite quelques instants auparavant. Aussi, le jeune Béranger,
aussitôt revenu à lui, ne put-il s'empêcher de demander à la bonne croyante à quoi servait son eau
bénite.

Son premier recueil de chansons parut en 1815.
Un jour, il fut dénoncé par une lettre anonyme au
préfet de police Anglès, pour avoir chanté dans une
soirée. deux chansons « anarchiques » : *le Bon Dieu*
et *les Missionnaires.* Le préfet, qui avait justement
assisté à ladite soirée comme invité, rit beaucoup
du zèle des mouchards catholiques.

Le deuxième volume de chansons parut en 1821.
Béranger était alors fonctionnaire de l'Université ;
on le destitua. Des poursuites judiciaires furent
intentées contre lui. Défendu par l'avocat Dupin, il
fut condamné à trois mois de prison qu'il subit à
Sainte Pélagie, à 500 francs d'amende, à l'impression et affichage (à ses frais), de l'arrêt (à 1.000 exemplaires) et à la destruction des volumes saisis ou à
saisir. Quatre seulement tombèrent entre les mains

de la police, tout le reste (10.000 exemplaires) avait déjà été vendu. Pendant sa détention, son avocat fit publier les pièces de la procédure, ce qui était un moyen fort ingénieux de faire reproduire dans tous les journaux les chansons incriminées. D'où nouveau procès et acquittement. En 1828, autre procès, avec condamnation à neuf mois de prison, qu'il fit à *la Force*, et 10.000 francs d'amende, qui furent acquittés par une souscription publique. En 1829, M. Clermont-Tonnerre, archevêque de Toulouse et grand ami des Jésuites, publia un mandement pour le carême, où il faisait une longue sortie contre ces chansons. Son compère, l'évêque de Meaux, suivit ce bel exemple et lança l'anathème contre le célèbre chansonnier.

Béranger fut élu à la constituante, mais démissionna au bout de quelques jours, malgré les prières de l'assemblée tout entière. Il est absolument faux que l'illustre poète, à sa mort, se soit confessé et ait reçu l'absolution. On fit à Béranger des funérailles officielles.

Parmi les chansons incriminées, citons : *le Bon Dieu, les Missionnaires, les Révérends Pères, les Deux Sœurs de charité, le Mariage du Pape, l'Ange gardien, les Capucins, le Bon Pape, les Clefs du Paradis, le Bedeau, l'Ivresse du Pape, la Descente aux Enfers, mon Curé, la Messe du Saint-Esprit, l'Eau bénite, le Fils du Pape, le Pèlerinage, le Missionnaire de Montrouge, la Mort du Diable, le Pape musulman, les Reliques, le Cardinal et le Chansonnier, le Baptême de Voltaire*, etc.

Dans la préface d'un de ses recueils, Béranger écrit : « Quelques-unes de mes chansons ont été traitées d'impies, les pauvrettes ! par MM. les Procureurs du roi, avocats généraux et leurs substituts, qui sont tous gens très religieux à l'audience. Je ne puis, à cet égard, que répéter ce qu'on a dit cent fois : Quand, de nos jours, la religion se fait instrument politique, elle s'expose à voir méconnaître son caractère sacré ; les plus tolérants deviennent intolérants pour elle ; les croyants, qui croient autre chose que ce qu'elle enseigne, vont quelquefois, par représailles, l'attaquer jusque dans son sanctuaire. Moi qui suis de ces croyants, je n'ai jamais été jusque-là ; je me suis contenté de faire rire de la livrée du catholicisme. Est-ce impiété ? »

Lamennais (Félicité-Robert), philosophe (1782-1854). En 1811, il entra comme professeur de mathématiques au séminaire de Saint-Malo. En 1816, il fut ordonné prêtre. Après la Révolution de 1830, il fonda l'*Avenir*, journal dans lequel il demandait la liberté de la presse, la séparation de l'Eglise et de l'Etat, la suppression des traitements ecclésiastiques, la dénonciation du Concordat, etc. L'*Avenir* fut saisi et poursuivi en Cour d'assises, mais Lamennais fut acquitté. Plusieurs évêques interdirent la lecture de ce journal aux vicaires et curés de leurs diocèses. En novembre 1831, l'*Avenir*, sévèrement blâmé par le haut clergé, cessa de paraître. Le 15 août de l'année suivante, l'encyclique du pape, condamnant ses doctrines, fit perdre à Lamennais l'illusion de sa foi dans la papauté, comme protectrice des opprimés.

C'est alors qu'il écrivit *Les paroles d'un Croyant*, qui furent condamnées dans l'encyclique de Grégoire XVI (1834), puis *le Livre du Peuple* (1837). Lamennais avait désormais perdu ses illusions sur l'Eglise et le clergé, et était acquis au parti démocratique. Après la Révolution de février, il fut nommé député de Paris à l'Asemblée nationale. Il succomba à une attaque de pleurésie. Les ultramontains mirent tout en jeu pour le ramener au dernier moment dans le sein de l'Eglise, mais il ne voulut rien entendre. Lamennais, dans son testament, écrivit : « Mon corps sera porté directement au cimetière, sans être présenté à aucune église. »

Il fut enterré civilement le 1er mars 1854, au milieu d'une énorme affluence de citoyens.

Paganini (Nicolas), célèbre violoniste (1784-1840). Des fanatiques avaient répandu le bruit qu'il était le diable en personne. Cela venait de ce qu'un jour où il jouait devant des femmes sensibles, plusieurs s'évanouirent. Aussi, à sa mort, l'évêque de Nice refusa de donner la sépulture à ce « démoniaque ». Il y eut procès, recours à Rome, etc... Enfin, au bout de cinq ans, son fils put enfin faire transporter le corps à Gênes où il fut enterré (1845).

Cousin (Victor), philosophe (1792-1867). Il alla en Allemagne (1824), pour étudier le côté panthéiste de la nouvelle philosophie allemande de Fichte et de Hégel. La diplomatie française, à l'instigation des Jésuites, le fit arrêter à Dresde et conduire à Berlin où il resta six mois en prison. Il publia, en 1833, un *Livre d'instruction morale et religieuse à l'usage des écoles primaires catholiques, élémentaires et supérieures.* Les évêques jetèrent les hauts cris, et l'édition — vingt mille exemplaires — fut complètement détruite. Il n'en a pas survécu une dizaine. Devenu ministre de l'Instruction publique, Victor Cousin déclara que « l'Université ne serait jamais jésuitique! » Que n'a-t-il dit vrai!...

Méry (Joseph), poète et romancier (1798-1865), commença ses études au séminaire de Marseille, mais il fut renvoyé parce qu'il possédait un livre de Voltaire! Il faillit être assassiné par les émissaires d'un cardinal auquel il avait enlevé sa maîtresse, une jolie juive!... Méry fonda *Le Phocéen* (1820), journal dans lequel il attaqua le fanatisme des missionnaires et le despotisme ultramontain, ce qui lui valut des poursuites judiciaires et des persécutions continuelles. Il fut condamné à trois mois de prison et à une forte amende (1821), pour une brochure où il prenait à partie l'abbé Eliçagaray. Une nouvelle condamnation le força à interrompre la publication de son journal. En 1826, il publia *Les Jésuites*, violente diatribe contre le fanatisme religieux, qu'il écrivit en collaboration ue **Barthélemy.**

Michelet (Jules), historien (1798-1874), fut professeur d'histoire au collège Rollin (1821), maître de conférences à l'école normale (1827), suppléant à la Faculté des lettres (1830), et enfin professeur d'histoire au Collège de France (1838).

En 1843, il fit un cours sur l'esprit et l'influence des divers ordres religieux, les Templiers, les Jésuites, etc., dénonçant leurs menées et leurs envahissements. De violentes protestations se firent entendre dans l'auditoire pour lui imposer silence. Le parti catholique fut assez puissant pour lui faire suspendre son cours. Michelet publia, en 1843, avec Quinet, *Des Jésuites*, et l'année suivante, *Du prêtre, de la femme et de la famille.* Son chef-d'œuvre est la magnifique *Histoire de France*, commencée en 1833, et son *Histoire de la Révolution française* (1847).

Duveyrier (Charles), littérateur et saint-simonien (1803-1866). Un jour, poursuivi par des fanatiques, il monta sur une borne et harangua la populace : « Avant de me jeter des pierres, dit-il, laissez-moi vous conter une histoire Connaissez-vous Jean Huss ? C'était un saint-simonien du temps ; un cœur compatissant aux souffrances populaires.....

— « A bas les saints-simoniens ! » glapirent quelques forcenés.

— « Pourquoi m'interrompre, puisque vous pouvez me lapider quand j'aurai fini. Jean Huss avait voulu affranchir les pauvres gens des misères qui pesaient sur eux ; en conséquence de quoi il fut condamné à être brûlé. Au moment où il montait sur le bûcher, il vit quelques-uns de ces pauvres pour lesquels il mourrait, apporter les fagots qui devaient le consumer. O sainte simplicité ! s'écria-t-il...Mes amis, je suis le petit-fils de ce Jean Huss; maintenant jetez vos pierres, puisque les fagots vous manquent. »

La foule l'acclama et le reconduisit en triomphe chez lui.

Duveyrier fut enterré au Père-Lachaise sans passer par aucune église.

Quinet (Edgard), philosophe, poète et historien (1803-1875), fut nommé professeur au Collège de France en 1841. A son cours, il fut accueilli par une tempête de vociférations parce qu'il s'efforçait de démontrer la mortelle influence des Jésuites sur les peuples qui avaient accepté leurs doctrines de gré ou de force. Les étudiants républicains, révoltés de ces manifestations, jetèrent à la porte les élèves des jésuitières.

L'archevêque de Paris, les évêques, et leurs acolytes, *ejusdem farinæ*, répandirent sur lui les plus noires calomnies. L'affaire fut portée à la Chambre, mais le Gouvernement n'osa pas suspendre le cours. Ce ne fut qu'en 1846 qu'il fut interdit.

Dans un discours, Quinet proposa la séparation des Eglises et de l'Etat dans l'enseignement. En 1844, il fit un cours sur l'incomptabilité de la société moderne et de l'Eglise.

Quinet fut expulsé le 2 décembre et se retira à Bruxelles.

Reynaud (Jean), philosophe (1806-1863), publia *Terre et Ciel* (1854), ouvrage qui fut condamné par un concile d'évêques réunis à Périgueux (1857).

Proudhon .˙. (Jean-Joseph), philosophe, économiste et publiciste (1809-1865). Il fit paraître, en 1858, son grand ouvrage *De la Justice dans la Révolution et dans l'Eglise* (en 3 volumes), où il démontre que la Révolution a une irréconciliable ennemie : l'Eglise. L'édition entière fut saisie six jours après. Alors il publia une *Pétition au Sénat*, où il demandait la revision du Concordat de 1802.

Proudhon fut condamné à trois ans de prison, 4.000 francs d'amende, et a la suppression de l'ouvrage. Il prit alors le parti de se retirer à Bruxelles.

Voici ce que Prudhon a écrit sur *Dieu* : « Son nom, si longtemps le dernier mot du savant, la sanction du juge, la force du prince, l'espoir du pauvre, le refuge du coupable repentant..... eh bien ! ce nom incommunicable, désormais voué au mépris et à l'anathême, sera sifflé parmi les hommes, car Dieu, c'est sottise et lâcheté ; Dieu, c'est l'hypocrisie et le mensonge ; Dieu, c'est la tyrannie et la misère ; Dieu, c'est le mal ! »

Renan (Joseph Ernest), philologue et philosophe, (1823-1892). Il fit ses études au collège ecclésiastique de Tréguier, puis au petit séminaire de Saint-Nicolas-du-Chardonnet. On le destinait à la carrière ecclésiastique, mais ses idées libres-penseuses lui firent rompre ses relations avec ses anciens maîtres. Sa sœur Henriette le soutint et le guida. Renan prit ses grades à l'Université, et fut reçu premier à l'agrégation de philosophie (1848). En 1861, il fut décoré de la Légion d'honneur, et nommé professeur au Collège de France. Ayant déclaré à son cours qu'il ne croyait pas à la divinité de Jésus-Christ, il s'attira la haine des ultramontains et fut excommunié. Sons cours fut suspendu, et deux ans plus tard supprimé.

Il publia sa *Vie de Jésus* (1863) ; les *Apôtres* (1866) ; *Saint Paul* (1869) ; *l'Antechrist* (1873).

Ses dernières paroles furent : « J'ai fini ma tâche, je meurs heureux. Il n'y a rien de plus naturel que de mourir. Acceptons la loi de l'Univers. »

On essaya, à son lit de mort, de faire venir un prêtre qui n'aurait pas manqué (suivant l'habitude) de raconter que Renan s'était repenti ; mais, grâce à la surveillance exercée autour de lui, la tentative n'eut aucun succès.

Une statue de ce grand philosophe a été élevée à Tréguier (Côtes-du-Nord), le 13 septembre 1903. Des milliers de Bretons assistaient à l'inauguration du monument, où ils acclamèrent *M. Combes*, président du conseil des ministres, qui prononça un magnifique discours anticlérical. Cette manifestation en pleine Bretagne, dernier refuge du catholicisme, est un fait qui aura dans l'avenir un retentissement considérable.

On chercha à empêcher cette belle fête républicaine en faisant distribuer quelques jours avant l'inauguration un prospectus dont nous reproduisons le texte ci-dessous. C'est une réédition de l'affiche Dolet, apposée sur les murs de Paris un mois avant :

A BAS L'IDOLE

Bretons,

Il n'y a pas longtemps, un ministre a osé, en pleine assemblée nationale, vous accuser de *n'être pas Français*.

C'était un premier outrage ! On veut vous en infliger un second, en élevant, chez vous, une statue à l'apostat Renan !

Pourquoi veut-on insulter votre foi et votre patriotisme ? Pourquoi, dans la cité de Tréguier, à l'ombre de la vieille cathédrale de Saint-Yves, vont-ils dresser la statue de *leur idole* ?

Ils disent : « *Parce qu'il était Breton !* » Non, ce n'est pas vrai !

Renan n'a eu de Breton que le nom ! Tout le reste, tout ce qui fait votre gloire, tout ce qui vous est cher : *la fidélité au Christ, le respect de la famille, l'amour sacré de la Patrie, l'héroïsme du peuple, la fidélité au devoir, le culte de la vertu*, il a tout bafoué, il a tout renié·

Il a renié la Religion ! Il a renié les Prêtres.

Renan ne s'est pas contenté, comme tant d'autres d'oublier les prières dont sa mère, une vraie Bretonne, celle-là, avait bercé son enfance. Le Christ que vous aimez, celui à qui vous élevez de si beaux calvaires, il s'est attaqué à Lui! Dans sa « Vie de Jésus », il a entassé mensonges sur calomnies; il a travesti l'histoire, il a faussé les textes; il a sali, de sa bave, les pages de l'Evangile; *il n'a même pas respecté*, le malheureux, *la sainte Vierge, la Madone* aimée que vous avez choisie pour votre Patronne!

Lui, qui fut élevé d'abord chez les Frères, puis au séminaire de Tréguier par les prêtres; lui, à qui un évêque, Mgr Dupanloup accorda sa protection et des secours d'argent, savez-vous ce qu'il a écrit de ses maîtres? *« Tous les prêtres se valent, chenilles ou papillons, c'est toujours la même bête! »*

Il a renié sa Patrie!

Il a dit lui-même : *Je n'aurais pu être soldat. J'aurais déserté ou je me serais suicidé!* (1)

Pendant l'année terrible, en 1870, alors que les petits soldats bretons, durant un long siège, campaient dans la boue ou dans la neige, mangeaient du pain de son, de la viande de cheval et des pâtés de rats, pendant qu'ils se faisaient tuer bravement pour défendre la Patrie en danger,

Où donc était Renan? *Il fes'oyait chez Brébant, en joyeuse compagnie; il exaltait Guillaume et Bismark* en sablant le champagne, il ripaillait en disant : «Pas de revanche! *Périsse la Patrie! Périsse la France!* Il y a au-dessus, le royaume du devoir, de la raison! »

Voilà le patriote!!!

Il a renié la famille, la morale!

En fait de morale, voici ses grands principes : « *Amusons-nous tant que nous sommes jeunes.* Après la gaie jeunesse et la vieillesse chagrine, la terre nous attend. »

« *J'ai tant joui dans cette vie* que je n'ai vraiment pas le droit de réclamer une compensation d'outre tombe. »

Lisez ces paroles qui sont l'outrage le plus sanglant in-

---

(1) Nous pouvons rapprocher cette citation d'une autre à peu près identique : « Une combinaison favorable m'a empêché de faire partie de cette belle armée française, où je n'aurais d'ailleurs donné, peut-être, d'autre exemple que celui de la désertion »

Henri ROCHEFORT : *La Grande Bohême*, 2ᵉ partie.

fligé à la dignité du foyer : «Dans le mariage, il faut pouvoir *virer de bord* lorsque change le vent de la croyance ou *du désir*! »

Si encore Renan s'était contenté d'être un jouisseur! Mais il a voulu prostituer son talent et terminer sa vie par des romans obcènes dont le titre seul est une honte; *les dernières lignes qu'il a écrites sont comme les hoquets d'un satyre en démence*, et son dernier geste fut une gambade en l'honneur du veau d'or et de la volupté.

Il a renié le Peuple!

Voici ce qu'il a osé dire, pendant un dîner chez Brébant : *« J'aime mieux les paysans à qui l'on donne des coups de pied dans le c...*, que les paysans comme les nôtres, dont le suffrage universel a fait nos maîtres, des paysans, quoi : l'élément inférieur de la civilisation!

Ailleurs, il a écrit : « N'améliorez pas leur sort, ils ne seraient pas plus heureux; ne les enrichissez pas, ils seraient moins dévoués; ne les gênez pas pour les faire aller à l'école primaire, ils y perdraient peut-être quelque chose de leurs qualités et n'acquerraient pas celles que donne la haute culture. »

Voilà le démocrate! Voilà le philanthrope!

Enfin, il a renié la Bretagne!

Mérite-t-il le beau titre de BRETON, cet homme qui a écrit : « Je suis un Celte, mêlé de Gascon, matiné de Lapon ». et ailleurs : « En moi, le Breton mourut, *le Gascon vécut* »?

Renan a insulté les Trécorrois eux-mêmes, dans son *Broyeur de lin*, quand il a écrit : « Tréguier a d'ordinaire beaucoup de fous. »

Lui, qui a ramassé une fortune à blasphémer contre Jésus-Christ, s'est-il souvenu des miséreux de Bretagne, *a-t-il secouru des veuves comme sa mère, des orphelins comme lui?*

Que ceux à qui il a fait du bien se lèvent pour le dire!

Il n'y en a pas un! Ce nouveau Judas n'a jamais eu qu'un culte : le culte du Veau d'Or.

VOILA L'IDOLE!

Voici maintenant ceux qui vont venir l'encenser :

Combes, un défroqué, lui aussi, un sectaire qui persécute des religieuses, des femmes, après les avoir insultées. Ce pontife de la .'. Maçonnerie va emprunter à Renan le geste onctueux, le goupillon d'eau sucrée, l'encensoir où brûle l'odorant parfum de l'abbesse de Jouarre, et il est dans le cas de saluer, dans Renan, l'immortel fils de singe.

Jaurès fournira l'eau du Jourdain.

André, grand sacrificateur, immolera les officiers à l'Idole antipatriote.

Pressensé, le protestant, se frottera pieusement les mains.

Un Baudet viendra braire en l'honneur du maitre, l'hymne triomphal.

Moerdès, aussi, sera là, à sa place.

Et vous, Bretons, vous jetterez à la face de toute cette bande de pantins et de renégats, le cri de réprobation et de dégoût qui jaillit de toute poitrine française pour les Judas : « *A bas l'Idole* ! A bas Renan ! »

Le style de ce placard est le même que celui de l'affiche Dolet ; même système, même disposition. L'un comme l'autre sont anonymes. Les citations et coupures ne peuvent être contrôlées, car l'auteur a pris soin de ne pas en citer la source, comme on fait toujours... et pour cause !

On ne répond pas à un pareil pamphlet aussi ignoble et aussi stupide. Nous l'avons reproduit en entier (en soulignant les mêmes mots), pour montrer jusqu'où peut aller le fanatisme des hobereaux bretons, pieux, crasseux et alcooliques.

SUPPLÉMENT

Noël, brûlé à Metz comme athée. Il disait aimer mieux croire qu'il n'y a point de Dieu que de reconnaître celui des prêtres.

Rachtegal d'Alkmaer, fut chassé de La Haye comme impie, proférant des blasphèmes contre Dieu. Le P. Théophile Raynaud prétend que ce Rachtegal ou *Nachtgal* fut persécuté pour avoir imprimé, en 1614 ou 1615. *le Traité des trois imposteurs.*

Ristwich (1) (Hermann), philosophe hollandais, brûlé à La Haye en 1512, pour s'être moqué des principales religions, « dont le monde n'a que faire », disait-il.

Salviatus (Berrh), condamné à Rome (1719), à une réclusion perpétuelle, comme athée.

Scotien, cordelier, fut détenu prisonnier à Lisbonne pour ses impiétés. Il regardait comme autant d'impostures chacune des religions du monde, et croyait que l'homme honnête pouvait se passer de tout cela.

(1) Ou : Ryswick.

Soloia (Jeannin de). Ce chanoine de Bergame, docteur en droit civil et canon, fut condamné le 14 décembre 1459, par un décret papal de Pie II, comme impie, qui avait osé soutenir que le genre humain est toujours le jouet de quelques imposteurs religieux et politiques.

Extrait du *Dictionnaire des Athées,*
Silvain Maréchal (1800).

————————————

APPENDICE

APPENDICE

A. M. D. G.

LE MUSÉE DE L'INQUISITION .
A NUREMBERG

« Nous passâmes dans la chambre où les plus terribles choses se présentèrent à nos regards. Des instruments de torture sont suspendus tout à l'entour, instruments pour serrer les doigts jusqu'à ce que les os fussent réduits en éclats..., pour sonder en dessous des ongles des doigts jusqu'à ce qu'une douleur cuisante comme un feu brûlant passât le long des nerfs..., pour arracher la langue, pour jeter les yeux hors de leurs orbites, pour déraciner les oreilles.

Il y avait des tas de cordes en fer avec des pointes en cercle au bout de chaque fouet, pour tirer la chair des reins jusqu'à ce que les os et les tendons fussent découverts. Il y avait des étuis en fer pour les jambes, lesquelles on y serrait par le moyen d'une vis, jusqu'à ce que la chair et les os fussent réduits en gelée. Il y avait des berceaux garnis partout à l'intérieur de pointes en fer aiguisées, dans lesquels les victimes étaient étendues et ensuite roulées d'un côté à l'autre, le misérable occupant étant percé, à chaque mouvement de la machine, d'innombrables pointes aiguisées. Il y avait de grandes cuillers avec de longs manches, pour contenir du plomb fondu ou de la résine en ébullition, pour verser dans la gorge de la victime et faire de son corps une chaudière brûlante. Il y avait des formes avec des ouvertures pour y introduire les mains et les pieds, tellement agencées, que la personne placée dedans avait son corps plié dans une position contre nature et douloureuse, et l'agonie devenait plus grande de moment en moment, et encore l'homme ne mourait pas. Il y avait des caisses pleines de petits instruments, mais le plus ingénieusement fabriqués pour pincer, sonder ou déchirer les parties les plus sensitives du corps, et continuer la douleur jusqu'à ce que la raison ou la vie s'en aille. »

WYLIE — *Hist. du protestantisme* (t. II, p. 427)

LA RÉVOCATION DE L'ÉDIT
DE NANTES
LES DRAGONNADES

... Tout ce que l'homme peut souffrir sans mourir, ils l'infligeaient au protestant. Pincé, piqué, lardé, chauffé, brûlé, suffoqué presque à la bouche d'un four, il souffrit tout. Tel eut les ongles arrachés. Le supplice qui agissait le plus à la longue, c'était la privation de sommeil (p. 287).

... Elle (la protestante), devait les servir (les dragons) seule... Tenue en chambrée, en camaraderie militaire, ils lui faisaient faire leur cuisine, tout leur ménage de soldats... Ils en venaient aux coups, et pour l'exécution, chose cruelle souvent, ils cou-

paient des gaules vertes, pliantes, qui s'ensanglan-
taient sans casser. Le sang les enivrait. Ils ima-
ginaient cent supplices. Telle, fut lentement, cruel-
lement épilée, telle, flambée à la paille comme un
poulet. Parfois, ils enflaient leur victime (homme
ou femme), avec un soufflet, comme on souffle un
bœuf mort, jusqu'à le faire crever. Parfois ils la
tenaient suspendue presque assise, à nue, sur les
charbons ardents (p. 288).

... Les généraux riaient de voir les huguenotes
houspillées, que les soldats mettaient nues à la porte
et faisaient courir dans la rue (p. 289).

... On lui martyrisait son mari sous ses yeux
(à la protestante). On profanait sa fille par des sévi-
ces honteux. Autre épreuve : On liait la mère qui
allaitait et on lui tenait à distance son nourrisson
qui pleurait, languissait, se mourait (p. 290).

MICHELET. — *Histoire de France* (t. XII).

MASSACRE DES VAUDOIS

... On brûla méthodiquement, membre par membre, un à chaque refus d'abjuration. On prit nombre
d'enfants et jusqu'à vingt personnes pour jouer à la
boule, jeter aux précipices. On se tenait les côtes de
rire, à voir les ricochets, à voir les uns, légers,
gambader, rebondir, les autres, assommés comme
plomb, au fond des gouffres; tels accrochés en route
aux rocs et éventrés, mais ne pouvant mourir, restant là aux vautours. Pour varier, on travailla à
écorcher un vieux (*Daniel Pellenc*); mais la peau
ne pouvant s'arracher des épaules par dessus la tête,
on mit une bonne pierre sur ce corps vivant et
hurlant, pour qu'il fît souper les loups. Deux sœurs,

les deux *Vittoria*, martyrisées, ayant épuisé leurs
assauts, furent, de la même paille qui servit de lit,
brûlées vives. D'autres qui résistaient furent mises
dans une fosse, ensevelies. Une fut clouée par une
épée, en terre, pour qu'on en vint à bout. Une détail-
lée à coups de sabre, tronquée des bras, des jambes,
et ce tronc effroyable fut violé dans la mare de sang..

MICHELET. — *Hist. de France* (t. XII. p. 346).

PROCÈS AUX CADAVRES

Les premiers hérétiques brûlés en France le
furent en 1022, à Orléans, par le roi Robert-le-Pieux.
La même année, on s'avisa qu'un chanoine nommé
Théodat, mort depuis trois ans, avait professé l'hérésie de son vivant. Sur l'ordre de l'évêque, son
corps fut exhumé et jeté sur la route à l'abandon.

Voilà le premier procès au cadavre établi dans
notre histoire.

Aux XIᵉ et XIIᵉ siècles, on ne cite pas d'autre
exemple, mais, en 1205, un statut municipal de
Toulouse fixe les conditions dans lesquelles les
procès aux cadavres des impies pourront être faits.
Cette procédure est usuelle au début du XIIIᵉ siècle.

Dès ce moment, le plus ancien manuel pratique
de l'Inquisition, celui du Tribunal de Carcassonne,
rédigé par le dominicain Bernard Gui, soutient que
l'hérésie doit être punie, non seulement dans les
vivants, mais dans les morts : « C'est que l'hérésie
« est la plus horrible des fautes contre Dieu, que le
« crime est monstrueux et dépasse tous les autres
« en grandeur. Un tel crime, la mort ne l'éteint
« pas, il faut le poursuivre jusque dans la tombe.
« La mort est solidaire des actes et des pensées du

« vivant ; s'il arrive qu'il ait été inhumé, on l'arra-
« chera à la terre protectrice, on le traînera miséra-
« blement par les rues, on le jettera à la voirie, et
« il sera un exemple terrible pour le peuple. »

Telle était la conception judiciaire du dominicain
Bernard Gui, à l'égard des hérétiques défunts.

Leurs parents qui, cela va sans dire, étaient frus-
trés de l'héritage par la confiscation, étaient conviés
à venir au procès défendre la mémoire des morts. Il
fallait bien donner à ces incroyables procès une
apparence contradictoire.

Quelqu'un se présentait-il au saint tribunal de
l'Inquisition pour démontrer l'orthodoxie de l'accusé posthume, on lui fermait la bouche.

Les moines dominicains de Toulouse firent ainsi,
en 1235 et 1236, exhumer plusieurs riches nobles et
bourgeois. On traîna leurs cadavres à travers la
ville, devant une grande foule. Le héraut proclamait les noms des morts condamnés en s'écriant :
« Ainsi périsse quiconque ainsi fera ! » On livrait
ensuite les restes au bûcher « pour l'amour de
Dieu, de la sainte Vierge, sa mère, et saint Dominique, son serviteur. »

Le nombre des morts déterrés ainsi, de 1373 à
1375, rien que dans la province du Languedoc, est
infini. Le temps, d'ailleurs, n'éteignait pas le zèle
des disciples de Dominique. On cite, par exemple,
le procès d'un Florentin nommé *Gherardo*. Ce
procès s'ouvrit en 1313. La mort remontait à 1250 !

Pendant tout le moyen-âge, l'Inquisition ne
désarma guère ; au XVIᵉ siècle, une autre figure se
dresse, sinistre entre toutes, celle de Jean de Roma,
qui fut un grand tortionnaire de vivants et un vio-
lateur de sépultures hors ligne. Jean de Roma opé-
rait en Provence, contre les Vaudois. Il les mit litté-
ralement à feu et à sang. Ce misérable inquisiteur
compte parmi les plus cruels. Trouvant un jour que
deux de ses victimes n'avaient pas été assez châtiées

par le supplice des pieds bouillis dans le feu, il les fit déterrer et livra au bûcher ce qui restait de leurs corps.

Ceci advint à *Jean Ginoulx*, à Aix en Provence. Cette procédure contre les cadavres était de droit et de fait au xvi⁰ siècle, et les jurisconsultes de Rome démontrent, par les décrétales des papes et les canons des Conciles, qu'il « faut procéder contre les hérétiques après leur mort comme pendant leur vie. »

L'abomination légale de la procédure aux cadavres fut d'un usage constant du xvi⁰ au xviii⁰ siècle, et les protestants persécutés ne manquèrent pas de le subir. Après la révocation de l'édit de Nantes, on faisait le procès à la mémoire des Huguenots morts ou relaps *in extremis*, conformément à l'ordonnance criminelle de 1670 : leurs corps étaient traînés sur la claie, jetés à la voirie et toujours leurs biens confisqués. Cette procédure fut appliquée aux protestants qui refusaient d'abjurer, en vertu d'ordonnances royales de 1686, renouvelées et confirmées en 1715 et 1724.

En 1778, un curé Picard exhumait une femme Loulou, enterrée dans sa grange : le corps attaché sur la claie était entraîné par un cheval fougueux. Mais il ne semble pas que la justice soit intervenue dans cette affaire, et les dernières applications régulières -- si l'on peut s'exprimer ainsi — de la procédure aux cadavres, datent de 1750. La Révolution abolit cette procédure, l'une des imaginations les plus scélérates et les plus audacieusement anti-humaines qui soient sorties du cerveau, pourtant fécond, des gens de l'Eglise Romaine.

Paul LACOUR. — *La Lanterne* (octobre 1901).

ANTHROPOPHAGES CATHOLIQUES

...... Jamais les chrétiens n'ont commis tant de cruautés contre les chrétiens. L'on coupait la tête aux Bardes (c'étaient les pasteurs des Vaudois), on les faisait bouillir, on les mangeait. On fendait avec des cailloux le ventre des femmes jusqu'au nombril. On coupait à d'autres les mamelles ; on les faisait cuire sur le feu et on les mangeait. On mettait à d'autres le feu aux parties honteuses ; on les leur brisait, et l'on mettait en place des charbons ardents. On arrachait à d'autres les ongles avec des pinces. On attachait des hommes demi-morts à la queue des chevaux, et on les traînait en cet état à travers les rochers. Le moindre de leurs supplices était d'être précipités d'un mont escarpé, d'où ils tombaient souvent sur des arbres auxquels ils restaient attachés et sur lesquels ils périssaient de faim, de froid ou de blessures. L'on en hachait en mille pièces et l'on semait leurs membres et leurs chairs meurtries dans les campagnes. On empalait les vierges; on les portait en cette posture, en guise d'étendards. On traîna, entre autres, un jeune homme nommé *Pélanchion* par les rues de Lucerne, semées partout de cailloux pointus. Si la douleur lui faisait lever la tête ou les mains, on les lui assommait.

Enfin, on lui coupa les parties honteuses, qu'on lui enfonça dans la gorge et on l'étouffa ainsi; ensuite on lui coupa la tête et l'on jeta le tronc sur le rivage.

Les catholiques déchiraient de leurs mains les enfants qu'ils arrachaient au berceau ; ils faisaient rôtir les petites filles toutes vives, leur coupaient les mamelles et les mangeaient. Ils coupaient à d'autres le nez, les oreilles et autres parties du corps. Ils remplissaient la bouche de quelques-uns de poudre à canon et y mettaient le feu. Ils en écorchaient tout vifs ; ils en tendaient la peau devant les fenêtres de Lucerne ; ils arrachaient la cervelle à d'autres qu'ils faisaient rôtir et bouillir pour en manger. Les moindres supplices étaient de leur arracher le cœur, de les brûler vifs, de leur couper le visage, de les mettre en mille morceaux et de les noyer. Mais ils se montraient vrais catholiques et dignes romains, quand ils allumèrent un four à Garciglione, dans lequel ils forcèrent onze Vaudois à se jeter les uns après les autres dans les flammes, jusqu'au dernier, que ces meurtriers y jetèrent eux-mêmes. On ne voyait, dans toutes les vallées, que des corps morts ou mourants. Les neiges des Alpes étaient teintes de sang. L'on trouvait ici une tête coupée, là un tronc, des jambes, des bras, des entrailles déchirées et un cœur palpitant.

SAMUEL MORLAND,
Ambassadeur d'Angleterre en Savoie.

AUTODAFÉS

...... Audict, an 1534, 10 novembre, furent condamnées sept personnes à faire amende honorable en un tombereau tenant une torche ardente, et à être brûlées vives.

Le premier desquels fut *Barthélémy Mollon*, fils d'un cordonnier impotent, qui avait lesdits placards. Et pour ce, fut brûlé tout vif au cimetière de Saint-Jean. — Le second fut *Jean du Bourg*, riche drapier, demeurant rue Saint-Denis, à l'enseigne du *Cheval Noir*. Il avait lui-même affiché de ces écritaux. Il fut mené faire amende honorable devant

Notre-Dame, et de là aux Innocents où il fut brûlé vif pour n'avoir pas voulu accuser ses compagnons.

— Le troisième, un imprimeur de la rue Saint-Jacques, pour avoir imprimé des livres de Luther, fut brûlé vif rue Saint-Antoine.

Le 19, un libraire de la place Maubert, qui avait vendu Luther, brûlé sur ladite place. — Un gainier aussi et un couturier demeurant près de Saint-Avoye. Mais pour ce qu'ils en accusèrent et promirent d'en accuser d'autres, la cour les garda.

Le 4 décembre, un jeune serviteur, brûlé vif au Temple. Le 5, un jeune enlumineur, brûlé au pont Saint-Michel; le 7, un jeune bonnetier fut, devant le Palais, battu nu, au cul de la charrette et fit amende honorable.

Le 21 janvier, trois luthériens brûlés rue Saint-Honoré, et un clerc du Châtelet; un fruitier devant Notre-Dame. Le 22, la femme d'un cordonnier, près Saint-Séverin, lequel était maître d'école et mangeait de la chair le vendredi et le samedi.

Le 16 février, un riche marchand de cinquante à soixante ans, estimé homme de bien, brûlé au cimetière Saint-Jean. Le 19 février, un orfèvre et un peintre, du Mont-Saint-Michel, battus de verges. Le 26, un jeune mercier italien et un jeune écolier de Grenoble furent brûlés; l'écolier, pour avoir affiché la nuit les écritaux.

Le 3 mars, un chantre de la chapelle du roi, qui avait attaché au château d'Amboise, où était le roi, quelques écritaux, fut brûlé à Saint-Germain-l'Auxerrois.

Le 5 mai, un procureur et un couturier furent traînés sur la claie au parvis Notre-Dame et menés au marché aux pourceaux, pendus à des chaînes de fer et ainsi brûlés...... et de même un cordonnier, au carrefour du Puy-Sainte-Geneviève, qui mourut misérablement sans quoi repentir.

Et furent leurs procès brûlés avec eux......

.... Rue Saint-Jacques, la femme d'un libraire se convertit à la religion réformée. La veille d'une fête, contrainte de communier, elle ne sut comment échapper au sacrilège; elle s'enfuit, mais, dénoncée par le curé et réclamée par son mari, elle obéit à ce dernier, rentra, fut prise et brûlé vive...

(*Journal d'un Bourgeois de Paris,* publié en 1854).

LE BRULOIR DE SÉVILLE

...... Elle dressa (l'Inquisition) aux portes de Séville, son échafaud de pierres, dont chaque coin portait un prophète, statues de plâtre creux où l'on brûlait des hommes; on entendait des hurlements, on sentait la graisse brûlée, on voyait la fumée, la suie de la chair humaine; mais on ne voyait pas la face horrible et les convulsions du patient. Sur ce seul échafaud, d'une seule ville, en une seule année, (1481), il est constaté qu'on brûlait deux mille créatures humaines, hommes ou femmes, riches ou pauvres, tout un peuple voué aux flammes.

MICHELET, *Histoire de France* (t. VII, p. 128).

LE PALAIS DE L'INQUISITION

Le palais de l'Inquisition est dominé par les constructions gigantesques du Vatican. Au premier étage, on entre dans la salle de l'infernal tribunal......
La chambre contiguë, occupée par l'un des juges d'instruction, contient une trappe juste au-dessous du siège de l'accusé. En 1849, on a trouvé sous cette trappe des squelettes à demi-enterrés...... Un

escalier descend de là au trou où l'on enterrait vivants les condamnés, les mains liées dans de la terre mêlée de chaux.

Les contorsions des squelettes témoignaient des supplices que ces malheureux avaient dû endurer avant de mourir de faim......

Ceux qui refusaient de se soumettre aux volontés de l'Inquisition du pape, étaient emmenés dans la chambre de la question modernisée. Là, ni pinces, ni vis, ni feu pour les obstinés. Le Saint-Père avait trouvé mieux. On enfermait indéfiniment l'hérétique dans un petit espace sous la toiture, le jour y pénétrait par une étroite mansarde, au midi ; mais cette ouverture, protégée par des barreaux de fer, ne s'ouvrait jamais pour renouveler l'air. Vous vous rendez compte du genre de torture subi en ce séjour, en pleine canicule, aussi bien à midi qu'au coucher du soleil, par la chaleur accumulée dans cet enfer. Le vicaire de Satan avait pris soin d'ordonner que le vase de nuit de l'hérétique ne serait vidé que tous les trois jours. Les non catholiques ne buvaient qu'une fois par jour une très petite quantité d'eau.

C'est par ce supplice prolongé, dans ce lieu infect et surchauffé, que le Saint-Père avait remplacé la roue d'autrefois et les brasiers, dont on retrouve les traces dans l'ancien caveau de la question. Le Père inquisiteur gardait son vin dans ce caveau, en 1849. Près de cette cave, on remarqua à cette époque un mur récent, bâti à l'imitation d'un mur antique. On le démolit ; il bouchait l'entrée d'une salle où se dressaient deux grands poêles remplis d'ossements.

L'Inquisition romaine, privée de la satisfaction de brûler ses victimes en public, se dédommageait en secret.

LUIGI DESANCTIS,
Juge d'Instruction (pendant dix ans) de la Sainte
Inquisition romaine, *Mémoires secrets.*

JOUR MAIGRE

Copie de l'arrêt sans appel, prononcé par le grand juge des moines de Saint-Claude, le 28 juillet 1629 :

« Nous, après avoir vu toutes les pièces du procès, et, de l'avis des docteurs en droit, déclarons que ledit *Guillou*, écuyer, duement atteint et convaincu d'avoir le 31 du mois de mars passé, jour de samedi, *en carême*, emporté des morceaux d'un cheval jeté à la voirie, dans le pré de cette ville, et *d'en avoir mangé* le 1er avril. Pour réparation de quoi, nous le condamnons à être conduit sur un échafaud, qui sera dressé sur la place du Marché, pour y avoir la tête tranchée. »

L'INQUISITION

Curieux tableau dressé par Antonio Llorente, ancien commissaire de l'Inquisition en Espagne, de 1785 à 1789 :

	Brûlés vifs	Brûlés en effigie	Emprisonnés
De 1481 à 1498, sous Torquemada.....	10.220	6 840	97.371
De 1498 à 1507, — Deza............	2 592	829	23.972
De 1507 à 1517, — Ximénès........	3.564	2.232	48.059
De 1517 à 1521, — Adr. Florencio...	1.620	560	21.835
De 1521 à 1545, — Manrique........	2.250	1.112	11.250
De 1545 à 1556, — Tabera et Loaisa.	2.160	1.080	13.120
De 1556 à 1597, — Philippe II......	3.990	1.845	18.450
De 1597 à 1621, — Philippe III	1.840	692	10.716
De 1621 à 1625, — Philippe IV......	2.582	1.428	14.080
De 1625 à 1700, — Charles II.......	1.630	540	6.512
De 1700 à 1746, — Philippe V......	1.600	760	9.120
De 1746 à 1759, — Ferdinand VI....	10	5	170
De 1759 à 1788, — Charles III	4	0	58
De 1788 à 1808, — Charles IV	0	1	42

NEUF MILLIONS DE VICTIMES

Voltaire, qui avait beaucoup lu, et qui avait de la mémoire, a fait le compte de ceux qui sont morts pour la gloire de Dieu, et il n'en trouve que neuf millions sept cent dix-huit mille huit cents, en réduisant avec bonne foi d'un tiers, de moitié ou deux tiers, les rapports des historiens qui peuvent être exagérateurs.

L'an 251, Novatien disputait la papauté au prêtre. Dans le même temps, Cyprien et un autre prêtre, nommé Novat, qui avait tué sa femme à coups de pieds dans le ventre, se disputaient l'épiscopat de Carthage. Les chrétiens des quatre partis se battirent, et il y a modération en réduisant le nombre des morts à deux cents, ci   200

L'an 332, les chrétiens assassinent le fils de l'empereur Galère; ils assassinent un enfant de huit ans, fils de l'empereur Maximin, et une fille du même empereur, âgée de sept ans; l'impératrice, leur mère, est arrachée de son palais et traînée avec ses femmes dans les rues d'Antioche; et l'impératrice, ses enfants et ses femmes sont jetés à l'Oronte. On n'égorge pas, on ne noie pas toute une famille impériale, sans massacrer quelques sujets fidèles, sans que les sujets fidèles ne perforent quelques égorgeurs. Portons encore le nombre des morts à deux cents, ci   200

Pendant le schisme des donatistes en Afrique, on peut compter au moins quatre cents personnes assommées à coups de massue, car les évêques ne voulaient pas

A reporter. , ...   400

Report.	400

qu'on se servit de l'épée, parce que l'Eglise abhorre le sang, ci 400

. La consubstantialité mit l'empire en feu à plusieurs reprises et désola, pendant quatre cent ans, des provinces déjà dévastées par les Goths, les Bourguignons, les Vandales. Mettons cela à trois cents mille chrétiens égorgés par des chrétiens, ce qui ne fait guère que sept à huit cents par an, ce qui est très modéré, ci 300.000

La querelle des iconoclastes et des iconolâtres, n'a pas certainement coûté moins de soixante mille vies, ci 60.000

L'impératrice Théodore, veuve de Théophile, fit massacrer, en 845, cent mille manichéens; c'est une pénitence que son confesseur lui avait ordonnée, parce qu'il était pressé et qu'on en avait encore pendu, empalé, noyé que cent vingt mille, ci . . . 120.000

N'en comptons que vingt mille dans les vingt guerres de papes contre papes, d'évêques contre évêques; c'est bien peu, ci 20.000

La plupart des historiens s'accordent et disent que l'horrible folie des croisades coûta la vie à deux millions de chrétiens. Réduisons le compte de moitié, et ne parlons pas des musulmans tués par les chrétiens, ci 1.000.000

La croissade des moines-chevaliersporte-glaives, qui ravagèrent tous les bords de la mer Baltique, peut aller au moins à cent mille morts, ci 100.000

Autant pour la croisade contre le Languedoc, longtemps couvert des cendres

A reporter.	1.600.800

Report. . . . . , . . .	1.600.800
des bûchers, ci.	100.000

Pour les croisades contre les empereurs depuis Grégoire VII, nous n'en compterons que trois cent mille, ci. . . . . — 300.000

Au quatorzième siècle, le grand schisme d'Occident, couvrit l'Europe de cadavres. Réduisons à cinquante mille, les victimes de la *rabbia papale*, ci . . . . — 50.000

Le supplice de Jean Huss et de Jérôme de Prague fit beaucoup d'honneur à l'empereur Sigismond; mais il causa la guerre des Hussites, pendant laquelle nous pouvons hardiment compter cent cinquante mille morts, ci. . . . . — 150.000

Les massacres de Mérindol et de Cabrières sont peu de choses, après cela. Vingt-deux gros bourgs brûlés; des enfants à la mamelle jetés dans les flammes; des filles violées et coupées en quartiers; des vieilles femmes qui n'étaient plus bonnes à rien et qu'on faisait sauter par le moyen de la poudre à canon, qu'on leur enfonçait dans les deux orifices; les maris, les pères, les fils, les frères, traités à peu près de même; tout cela ne va qu'à dix-huit mille et c'est bien peu, ci . . . . — 18.000

L'Europe en feu depuis Léon X jusqu'à Clément IX; le bois renchérit dans plusieurs provinces par la multitude des bûchers; le sang versé à flots partout; les bourreaux lassés en Flandre, en Hollande, en Allemagne, en France et même en Angleterre, la Saint-Barthélemy, le massacre des Vaudois, des Cévennes,

A reporter.	2.218 800

Report.	2.218.800
d'Irlande, tout cela doit aller au moins à deux millions, ci	2.000.000
On assure que l'Inquisition a fait brûler quatre cent mille individus. Réduisons encore de moitié, ci	200.000
Las Cases, évêque espagnol, et témoin oculaire, atteste qu'on a immolé à Jésus douze millions des naturels du Nouveau-Monde. Réduisons cela à cinq millions ; c'est être beau joueur, ci.	5.000.000
Réduisons, avec la même économie, le nombre des morts pendant la guerre civile du Japon ; on le porte à quatre cent mille, et je n'en compterai que trois cent mille, ci	300.000
Total.	9.718.800

Le tout, ajoute Voltaire, ne monte qu'à neuf millions sept cent dix-huit mille huit cents personnes égorgées, noyées, brûlées, rouées ou pendues pour l'amour de Dieu. Dans ce compte, ont été oubliés deux cent mille Saxons égorgés par Charlemagne, afin de persuader aux autres l'excellence du christianisme. J'espère qu'on n'aura plus de pareils calculs à faire ; mais à qui en aura-t-on l'obligation ?

CES BONS VENDÉENS

.... Le soulèvement des Vendéens fut plus *religieux* encore que politique ; leur armée se disait elle-même *catholique* et royale ; sur leurs habits ils avaient cousu, en guise d'emblème, l'image du cœur de Jésus et, autour de leur cou, ils avaient passé de gros chapelets ; les prêtres réfractaires marchaient à côté des chefs, et lorsque Cathelineau, le généralissime de l'armée vendéenne, entra vainqueur à Nantes, il se mit à genoux au milieu d'une des places de la ville pour réciter son chapelet : c'est alors qu'il fut frappé du coup mortel. Ces pieux insurgés, *les brigands* — comme on les appela bientôt — se livrèrent à mille atrocités ; ils en voulaient surtout aux curés constitutionnels : ayant pris celui de Machecoul, ils le jetèrent dans un puits qu'ils comblèrent ensuite de grosses pierres. Ils martyrisaient les prisonniers, les attachaient aux arbres de la liberté et tiraient sur eux comme sur des cibles, ou bien ils les enchaînaient en longues files pour les fusiller le long des fossés, ou bien encore les brûlaient tout vifs au chant des cantiques. Quand ils prenaient une ville, ils complétaient le pillage par des exécutions sommaires (p. 47).

DEBIDOUR. — *Hist. des rapports de l'Eglise et de l'Etat.*

CONTRE LA PENSÉE HUMAINE

.... Ensuite, c'étaient les rares réunions des cardinaux, votant, supprimant de loin en loin un livre ennemi, dans le mélancolique désespoir de ne pouvoir les supprimer tous ; et c'était enfin le pape, approuvant, signant le décret, une formalité pure, car tous les livres n'étaient-ils pas coupables ? Mais quelle extraordinaire et lamentable Bastille du passé que cet INDEX vieilli, caduc, tombé en enfance ! On sentait la formidable puissance qu'il avait dû être autrefois, lorsque les livres étaient rares et que l'Eglise avait des tribunaux de sang et de feu pour faire exécuter ses arrêts. Puis les livres s'étaient multipliés tellement, la pensée écrite, imprimée, était devenue un fleuve si profond et si large, que ce fleuve avait tout submergé, tout emporté. Débordé, frappé d'impuissance, *l'Index* se trouvait maintenant réduit à la vaine protestation de condamner en bloc la colossale production moderne, limitant de plus en plus son champ d'action, s'en tenant à l'unique examen des œuvres d'ecclésiastiques ; et, là encore, corrompu dans son rôle, gâté par les pires passions, changé en un instrument d'intrigues, de haine et de vengeance. Ah ! cette misère de ruine, cet aveu de vieillesse infirme, de paralysie générale et croissante, au milieu de l'indifférence railleuse des peuples ! Le catholicisme, l'ancien agent glorieux de civilisation, en être venu là, à jeter au feu de son enfer les livres en tas, et quel tas ! Presque toute la littérature, l'histoire, la philosophie, la science, des siècles passés et du nôtre ! Peu de livres se publient à cette heure, qui ne tomberaient sous les foudres de l'Eglise. Si elle paraît fermer les yeux, c'est afin d'éviter l'impossible besogne de tout poursuivre et de tout détruire ; et elle s'entête pourtant à conserver l'apparence de sa souveraine autorité sur les intelligences, telle qu'une reine très ancienne, dépossédée de ses Etats, désormais sans juges ni bourreaux, qui continuerait à rendre de vaines sentences, acceptées par une minorité infime. Mais, qu'on la suppose un instant victorieuse, maîtresse par un miracle du monde moderne, et qu'on se demande ce qu'elle ferait de la pensée humaine, avec des tribunaux pour condamner, des gendarmes pour exécuter. Qu'on suppose les règles de l'Index appliquées strictement, un imprimeur ne pouvant rien mettre sous presse sans l'approbation de l'évêque, tous les livres déférés ensuite à la Congrégation, le passé expurgé, le présent garotté, soumis au régime de la terreur intellectuelle. Ne serait-ce pas la fermeture des bibliothèques, le long héritage de la pensée mis au cachot, l'avenir barbare, l'arrêt total de tout progrès et de toute conquête? De nos jours, Rome est là, comme un terrible exemple de cette expérience désastreuse, avec son sol refroidi, sa sève morte, tuée par des siècles de gouvernement papal, Rome, devenue si infertile, que pas un homme, pas une œuvre n'a pu y naître encore au bout de vingt-cinq ans de réveil et de liberté.... (Pages 433 et 434).

Zola. — Rome.

TABLE ALPHABÉTIQUE

DES NOMS CITÉS

EN PRÉPARATION

TOME II

Albert le Grand.
Alembert d'.
Balzac.
Barreaux.
Bastiat.
Bazard.
Beaumarchais.
Bernard Claude.
Bert Paul.
Blanqui.
Boccace.
Boulanger.
Bouillet.
Boulainvilliers.
Büchner.
Budé.
Cabanis.
Cardan.
Charron.
Chaumette.
Chénier.
Celse.
Clarke.
Christophe Colomb.
Comte.
Condillac.
Condorcet.
Considérant.
Courier Paul-Louis.
Cujas.
Cyrano de Bergerac.
Chubb.
Dalen.

Damilaville.
Deschamps.
Desmoulins.
Dumarsais.
Dumas Alex.
Dumont.
Dupin.
Duvernet.
Enfantin.
Frasme.
Escherny.
Estienne.
Fabre d'Eglantine.
Favre.
Ferry.
Ficin.
Flaubert.
Flocon.
Foucaud.
Fouché.
Fourrier.
Francklin.
Fréderic.
Fréret.
Gambetta.
Garat.
Garnier Pagès.
Gassendi.
Ginguené.
Gobel
Godvin.
Grégoire.
Gresset.

Guéroult.
Harwey.
Hébert.
Hegel.
Heine.
Hénault.
Herbert de Montgo-
    mery.
Herdert.
Hesnault.
Hobbes.
Holbach d'.
Hooper.
Huet.
Hugo.
Hume.
Jefferson.
Jodelle.
Jouffroy.
Jurieu.
Kant.
Kaunitz.
Lachambaudie.
Lagrange.
Lamartine.
Lamotte-Houdard.
Laroche.
Lavardin.
Lavicomterie.
Lebrun.
Lecomte de Lisle.
Lecouvreur.
Legendre.

Lepeletier Saint-Fargeau.
Lequinio.
Leroux.
Linguet.
Locke.
Mably.
Machiavel.
Malebranche.
Malherbe.
Meslier.
Mezeray.
Mill.
Milton.
Moleschott.
Montaigne.
Montesquieu.
Monvel.
Morellet.
Mürger.
Naigeon.

Nicolai.
Oporin.
Pascal.
Pasquier.
Pelisson.
Pereire.
Pétrarque.
Piron.
Portalis Dupin.
Quesnel.
Quillet.
Raspail.
Régis.
Régnier.
Reimarus.
Rœderer.
Ronsard.
Salverte.
Sainte Beuve.
Saint-Evremont.
Sand.

Schleiermacher.
Séguier Pierre et Antoine.
Ségur.
Shaftesbury.
Simon.
Soulié.
Spinoza.
Strauss.
Süe.
Swift.
Talon Omer.
Taylor.
Torrasson.
Tindal.
Turgot.
Valdès.
Vogt.
Volney.
Wolf.
Etc.

IMPRIMERIE CH. LÉPICE, MAISONS-LAFFITTE

LIBRAIRIE DE PROPAGANDE SOCIALISTE ET ANTICLÉRICALE

Fondée par J.-B. CLÉMENT

14, rue Victor-Massé — PARIS-9°

Vient de Paraître :

LA LIBRE-PENSEE
ET SES MARTYRS

Par Maurice BARTHÉLEMY

Membre de l'Association n. ionale des Libres-Penseurs; Membre de la Ligue des Droits de l'Homme ; Membre de l'Association anticléricale des Lanterniers, etc.

➤ Prix : *Franco* **1 franc.** ◄

Comme son nom l'indique, ce livre de propagande anticléricale est un aperçu historique des persécutions qu'eurent à subir les Libres-Penseurs à travers les siècles.

L'auteur a simplement constaté et enregistré des faits indéniables. Il se garde de tout commentaire, et cependant, à la lecture de son volume, il se dégage une formidable impression d'horreur.

Ce traité paraît à son heure. Jusqu'ici il n'existait aucun recueil aussi précis et surtout d'un prix aussi modique.

Aussi, le recommandons-nous aux camarades des Universités populaires, aux Loges maçonniques et aux Comités de Libres-Penseurs. Cet ouvrage remarquable sera lu avec intérêt par les instituteurs laïques, les membres de la Ligue des Droits de l'Homme, les Lanterniers et les adhérents à l'Association des Libres-Penseurs

C'est une mine inépuisable pour les militants; les propagandistes et les conférenciers.

Le tome I⁰ᵉ — 126 pages de texte — comprend l'histoire de 137 Libres-Penseurs, sur lesquels il est fourni des renseignements souvent inédits. On y trouve les dates de naissance et de mort de ces illustres martyrs, le nom des ouvrages qu'ils ont écrit, pourquoi ils ont été persécutés, leur temps de prison, leurs amendes, leurs tortures, des pièces de leurs procès, etc...

Il ressort de ce travail que, de tout temps, il y eut des Libres-Penseurs, et que, chaque fois qu'un homme voulut parler de Liberté, de Raison ou de Science, l'Eglise chercha aussitôt à lui fermer la bouche par le poignard, la prison ou le bûcher.

Le peuple ne connaît pas ces crimes : c'est à peine s'il a entendu parler des persécutions d'Hypathie, d'Etienne Dolet, de Giordano Bruno, de Galilée, de Vanini et du jeune chevalier de La Barre. Et encore il n'en connaît que superficiellement l'histoire.

Aujourd'hui, il la connaîtra tout entière

IMP. CH. LÉPICE, MAISONS LAFFITTE.